초등학생이 알아야 할
참 쉬운 물리

레이첼 퍼스,
미나 레이시,
대런 스토바트 글

엘 프리모 라몬 그림

제이미 볼 디자인
데이지 시어러 감수
이강환 옮김

차례

물리학이란 무엇일까요?	4
질문을 해요	6
물리학은 어디에나 있어요	8
물리학자들은 무슨 일을 할까요?	10

제1장 힘과 운동   15
왜 어떤 것은 다른 것보다 더 빠르고 쉽게 움직일까요?
물체를 움직이고 멈추게 하는 것이 무엇인지 알아보아요.

제2장 파동   29
소리는 어떻게 이동하고, 빛은 어떻게 작용할까요?
전기와 자기 사이의 수수께끼 같은 관계도 알아보아요.

제3장 빛의 속력과 우주의 모양   43
알베르트 아인슈타인은 현대물리학에서 가장 중요한 두 가지 이론을
생각해 냈어요. 빛의 속력을 탐구하는 **특수상대성이론**과 우주의 모양을
알려 주는 **일반상대성이론**이에요. 이 이론들이 무엇인지 알아보아요.

제4장 핵물리학과 입자물리학   57
물리학자들이 발견한 가장 작은 물체들을 소개하고,
이들을 더 작은 조각으로 쪼개려 할 때 어떤 일이 일어나는지 알아보아요.

제5장 양자역학　　　　　　　　　　　　　　　　　　75
　가장 작은 입자들은 큰 물체들이 따르는 규칙을 따르지 않는 것처럼 보여요.
　이 작은 입자들은 어떤 규칙을 따르며,
　왜 그런 이상한 모습을 보이는지 알아보아요.

제6장 우주　　　　　　　　　　　　　　　　　　　93
　지구 바깥에는 무엇이 있을까요? 이 모든 것이 어디에서 왔는지 알아보아요.

제7장 풀리지 않은 의문들　　　　　　　　　　　　107
　지구와 우주에는 물리학자들이 이해하지 못하는 것이 많아요.
　언젠가 '여러분'이 풀 수 있을지도 모르는 의문들을 알아보아요.

낱말 풀이　　　　　　　　　　　　　　　　　　　122
찾아보기　　　　　　　　　　　　　　　　　　　124
이 책을 만든 사람들　　　　　　　　　　　　　　128

인터넷에서 자료 찾기

어스본 바로가기(usborne.com/quicklinks)에 방문해서
검색창에 'physics for beginners'를 입력해 보세요.
물리학에 대해 더 많은 것을 알아볼 수 있고,
이 책에 나오는 내용을 동영상이나 실험, 활동 등을 통해
탐구할 수 있어요.

'어스본 바로가기'에서는 인터넷 안전 지침을 지켜 주세요.
어린이가 인터넷을 사용할 때는 보호자의 지도가 필요합니다.

꾸욱

물리학이란 무엇일까요?

물리학은 우주와 우주에 있는 모든 것이 어떻게 작용하는지를 연구하는 과학의 한 분야예요. 물리학은 밤하늘에 떠 있는 별에서부터 자전거를 타는 일에 이르기까지 아주 많은 것을 다루어요.

물리학자들은 어떤 것을 단순화하는 것을 좋아해요. 그러면 더욱 쉽게 이해할 수 있거든요. 그래서 물리학자들은 전체 우주를 단 세 가지 용어로 설명해요. 바로 물질, 에너지, 힘이에요.

1. 물질

물질이란 우리가 보고 만질 수 있는 *물건*들을 물리학자들이 부르는 이름이에요. 우리 주위에 있는 *모든 것*이 물질로 이루어져 있어요.

물리학자들은 물질이 모두 **원자**라고 하는 아주아주 *작은* 조각들로 이루어져 있다는 것을 알아냈어요. 원자는 너무나 작기 때문에 엄청나게 성능이 좋은 현미경으로만 볼 수 있어요. 물질이 어떻게 반응하는지는 원자들이 어떻게 *배열*되어 있는지에 따라 결정돼요.

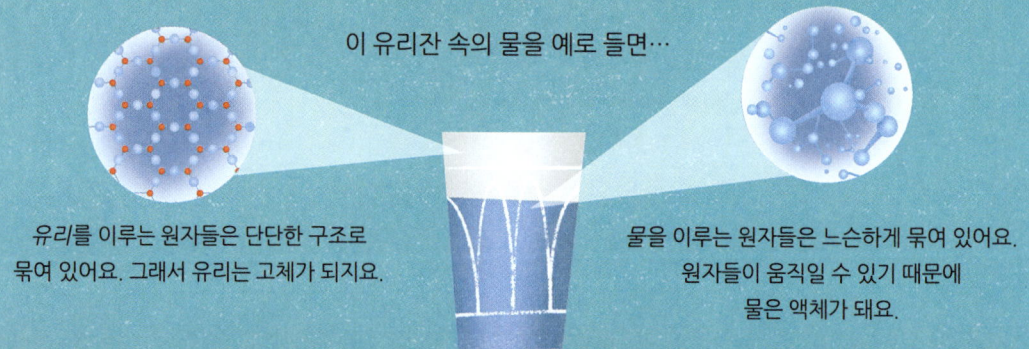

2. 에너지

물질만 있어서는 할 수 있는 일이 별로 없어요. 어떤 일이 일어나게 하려면 **에너지**가 필요해요.
에너지는 물질이 *일을 하는* 능력을 뜻하는 용어예요.
물리학에서 일을 한다는 것은 *변화하거나 움직이는 것*을 의미해요.
예를 들면…

스케이트보드는 스스로 움직이지 않아요.	스케이트보드를 탄 사람이 땅을 발로 차면 스케이트보드에 운동에너지라고 하는 움직이는 에너지가 전달되어 *움직이게* 돼요.
냄비의 물은 스스로 아무것도 할 수가 없어요.	물을 가열하면 열에너지가 더해져요. 그러면 물이 끓고 일부는 수증기로 *변해요*.
나무는 화학에너지를 가지고 있지만 통나무는 스스로 아무것도 할 수가 없어요.	통나무를 태우면 통나무의 화학에너지가 열에너지와 빛에너지로 변하고 나무의 일부는 재로 *변해요*.

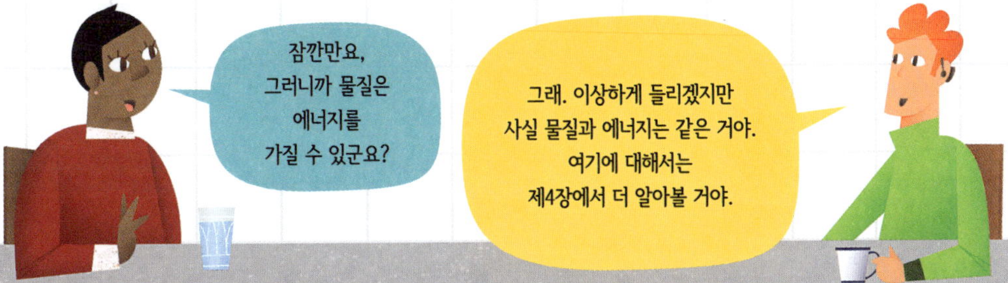

잠깐만요, 그러니까 물질은 에너지를 가질 수 있군요?

그래. 이상하게 들리겠지만 사실 물질과 에너지는 같은 거야. 여기에 대해서는 제4장에서 더 알아볼 거야.

3. 힘

물리학자들은 물질이 *다른 물질과 상호 작용하는 방법*을 이야기할 때 **힘**이라는 용어를 사용해요.
힘은 언제나 밀거나 아니면 당겨요.

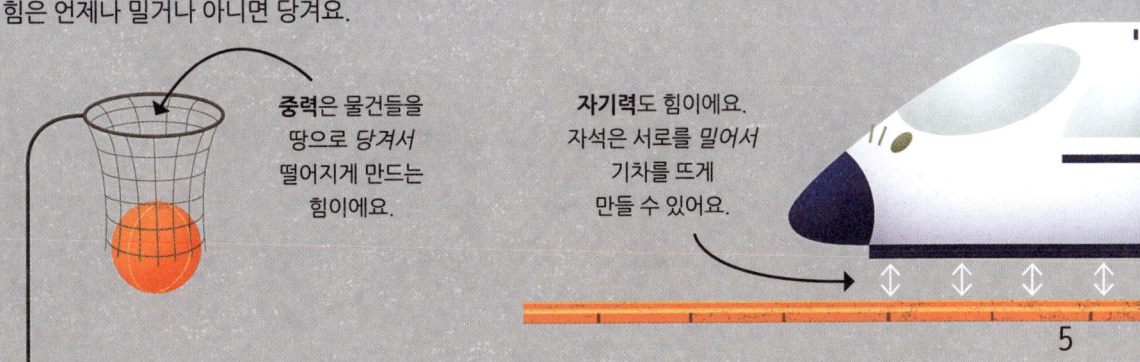

중력은 물건들을 땅으로 당겨서 떨어지게 만드는 힘이에요.

자기력도 힘이에요. 자석은 서로를 밀어서 기차를 뜨게 만들 수 있어요.

질문을 해요

인류 역사를 보면, 사람들은 언제나 세상에 대해 호기심을 가지고 있었어요.
그런 호기심을 해결하기 위해서 사람들은 과학적으로 생각하는 방법을 개발했어요.
그 첫 번째 단계는 질문을 하는 거예요.
예를 들면 "하늘에 있는 저 노란 공은 뭘까?"와 같은 질문이지요.

수천 년 동안 사람들은 태양과 달, 그리고 별들의 움직임을 관찰해 왔어요.
이 일은 곡식을 심고 수확하기에 가장 알맞은 시기를 정하는 데 도움이 되었어요.

사람들은 이런 천체의 움직임을 신들의 이야기로 설명했어요.

약 2,500년 전 고대 그리스인들은 세상이 어떻게 움직이는지에 대해서 신을 빼고 이해해 보려고 시도했어요.

고대 그리스인들은 여러 아이디어를 두고 생각하고 논쟁하며 많은 시간을 보냈어요.

고대 그리스인들만 질문을 한 것은 아니에요. 고대 중국과 인도 같은 곳에서도 아이디어들이 나왔어요.

나는 자석의 성질을 조사해 나침반을 처음으로 발명했어요.

센 쿠오

나는 지구가 자전해 낮과 밤이 생긴다는 말을 처음으로 꺼낸 사람이에요.

아리아바타

8세기부터 14세기 사이에 중동과 북아프리카, 스페인에서 과학 지식의 놀라운 발전이 이루어졌어요.

그 결과 과학적인 이해에서 비약적인 발전이 일어났고, 이 시기는 '이슬람의 황금시대'로 불리게 되었어요.

나는 빛이 물체에 반사해 우리 눈으로 들어온다는 아이디어를 생각해 냈어요. 우리 눈에서 빛이 나간다는 그리스인들의 생각과는 반대죠.

이븐 알하이삼

나는 세상을 조사하고 이해하는 유일한 방법은 실험을 하고 그 결과에 따라 생각을 바꾸는 것이라고 썼어요.

이븐 시나

16세기부터 19세기 사이에 유럽에서 '과학 혁명'이 일어났어요. 세상의 본질에 대한 발견이 계속 이루어졌어요.

나는 전기와 자기가 연결되어 있다는 것을 처음으로 보여 주었죠.

나는 물체가 지구로 떨어지는 이유를 설명하는 중력 이론을 만들었어요.

아이작 뉴턴

한스 크리스티안 외르스테드

나는 왜 어떤 물체에는 방사능이 있고, 또 어떤 물체에는 없는지 알아내기 위해 연구를 했어요. 제4장을 읽어 보세요.

마리 퀴리

과학 혁명이 끝날 즈음에는 많은 사람이 이제 모든 것이 발견되었으니 물리학이 할 일은 끝났다고 생각했어요. 하지만 사람들은 세상을 이해하려는 노력을 계속했어요. 알고 보니 아직 알아내야 할 것이 아주 많이 남아 있었어요.

7

물리학은 어디에나 있어요

오늘날 물리학은 아주 넓은 범위의 문제를 다루어요. 물리학자들은 연구를 더 쉽게, 더 잘하기 위해서 문제들을 여러 **분야**로 나누었는데, 서로 겹치는 부분이 많아요.

고전역학
힘이 작용할 때 물체들이 어떻게 움직이는지 연구해요.

- 로켓 발사
- 공차기
- 우주를 날아가는 혜성

열역학
열과 에너지, 그리고 이것을 어떻게 사용할 수 있는지 연구해요.

- 열을 식히는 냉장고
- 햇빛이 공기를 데워 바람을 일으켜요.
- 연료를 태워 자동차를 움직이는 엔진

전자기학
전기와 자기, 그리고 이 둘의 관계를 연구해요.

- 회전하는 자석을 이용해 전기를 만들어요.
- 자석 위에 떠서 엄청나게 빨리 움직이는 기차
- 지구 주위의 자기장

광학
빛의 성질과 빛이 어떻게 이용될 수 있는지 연구해요.

- 멀리 있는 별과 행성들을 연구하는 망원경
- 빛을 이용해 만들어 내는 3차원 홀로그램
- 광섬유 속을 지나가는 빛을 이용해 메시지 보내기

음향학
소리가 어떻게 만들어지고 이동하는지, 소리를 어떻게 이용할 수 있는지 연구해요.

- 사람 귀로는 들을 수 없는 초음파를 이용해 우리 몸속을 들여다볼 수 있어요.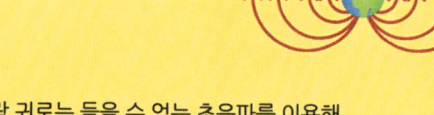
- 소리를 이용해 바다 깊은 곳을 들여다볼 수 있어요.

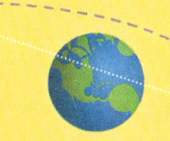

시간과 공간은 하나인
'시공간'의 일부예요.

A.
B.

상대성이론
시간과 공간의 관계를 연구해요.

상대성이론은 머리를 감싸 쥐어야 할 정도로 어려울지도 몰라요!

'내'가 얼마나 빠르게 움직이느냐에 따라 시간이 다르게 흘러요.

블랙홀이 공간을 휘어지게 하는 것처럼 시간도 휘어지게 할까요?

원자가 분열하면서 핵에너지를 만들어 내요.

입자물리학
방사능과 원자를 구성하는 입자들을 연구해요.

방사성 원소를 이용해 그 물체가 얼마나 오래되었는지 알아내요.

엑스선으로 사람의 몸속을 보아요.

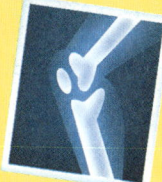

양자역학은 역사상 *가장 이상한* 과학이에요.

양자역학
가장 작은 형태의 물질과 에너지를 연구해요.

내가 뭔가를 결정할 때 어딘가에는 *반대*의 결정을 하는 다른 '내'가 있을 수 있어요.

엄청난 거리를 가로질러 순식간에 정보를 보내요.

입자들의 이상한 성질을 이용해 더 빠른 컴퓨터를 만들 수 있어요.

'우리은하'의 중심에 블랙홀이 있어요.

우주론
우주와 우주의 역사를 연구해요.

우주는 점점 커지고 있는데, 아주아주 작게 시작했어요.

걱정 마세요. 이 책을 읽어 나가는 동안 '양자'와 같은 단어들을 설명해 줄 거예요.

생명체가 살기에 알맞은 조건을 갖춘 다른 행성을 찾아요.

9

물리학자들은 무슨 일을 할까요?

물리학자들은 질문을 하고 답을 찾기 위해 노력해요.
어떤 물리학자들은 실험을 해서 연구를 하고, 또 어떤 물리학자들은 종이와 연필을
가지고 연구를 하지요. 하지만 '모든' 물리학 연구에는 호기심이 필요해요.

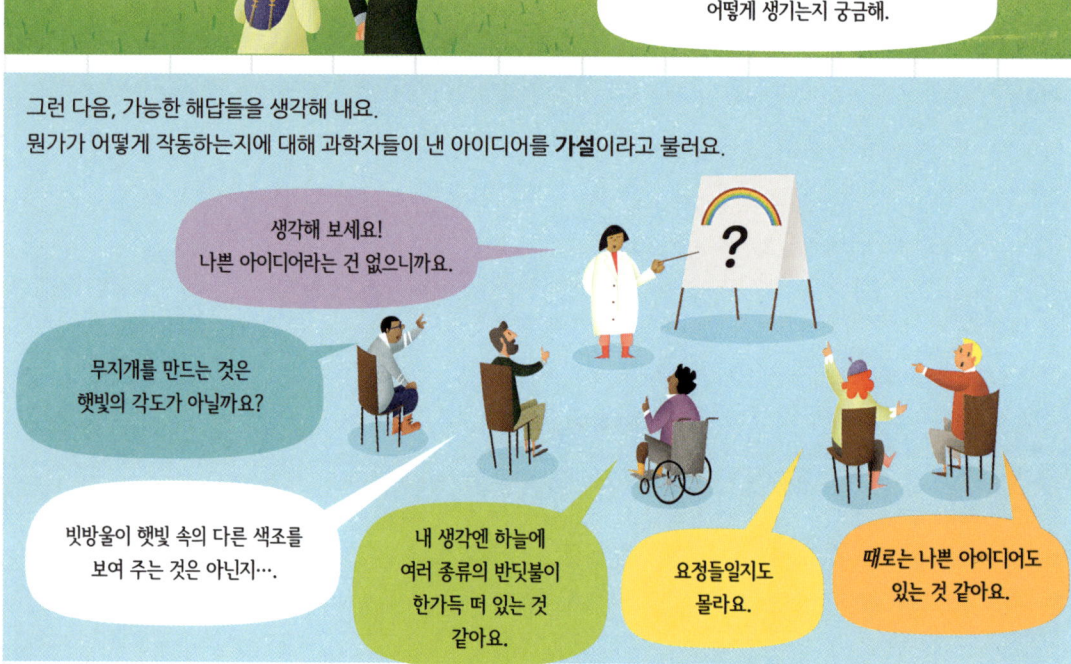

가설을 믿으려면 증거가 필요해요. 그래서 물리학자들은 아이디어를 시험할 수 있는 **실험**을 설계하고 수행해요. 증거가 없으면 그저 말만 그럴듯한 아이디어일 뿐이에요.

실험을 하는 동안 과학자들은 모든 **변수**를 확실하게 통제하려고 해요. 변수란 결과에 영향을 미칠 수 있는 것을 가리키는 말이에요.

11

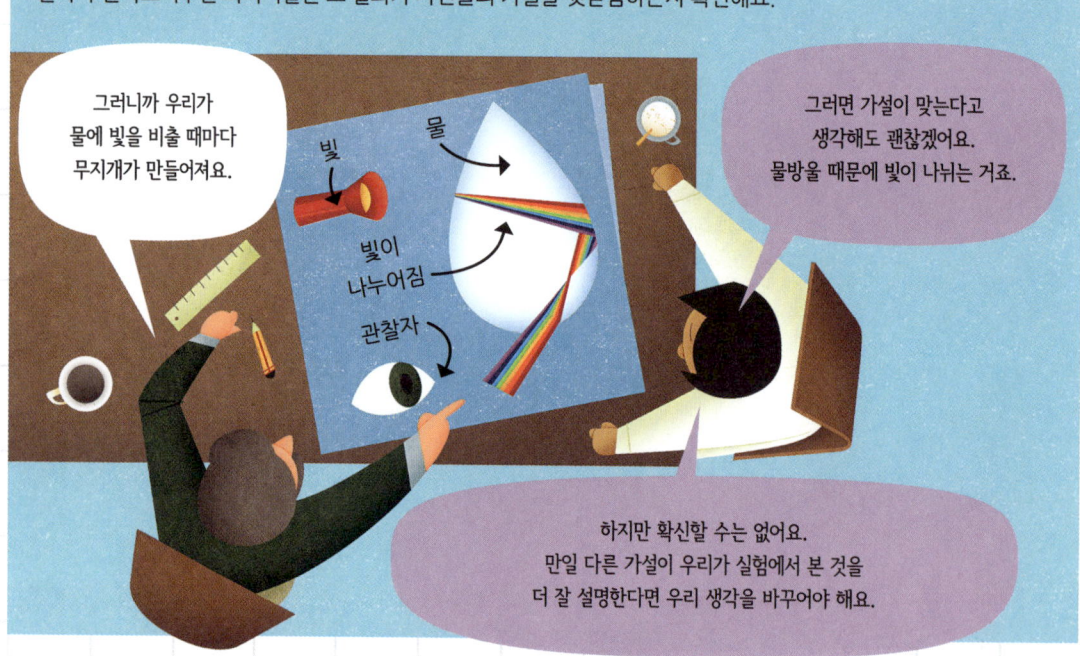

과학자들은 실험 중에 본 것을 모두 다 기록해요. 그러고는 계속 *반복*, 또 *반복*하지요.

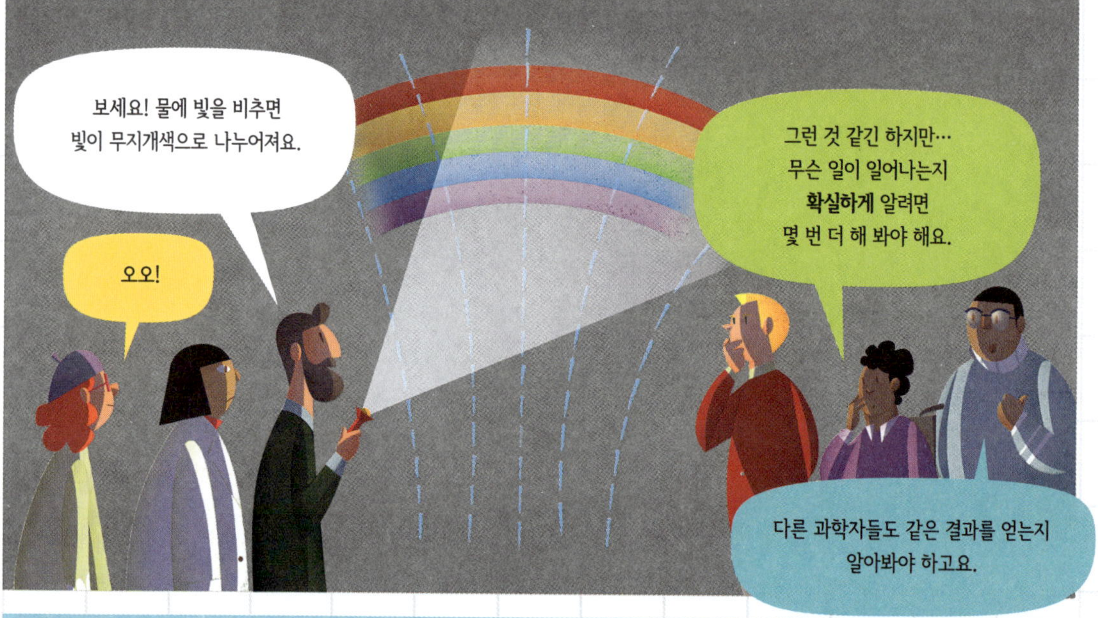

동일한 실험을 계속 반복하면 언제나 같은 결과가 나오는지 알아낼 수 있어요.
이렇게 하면 **믿을 수 있는** 결과를 얻을 수 있어요.
결과가 만족스러우면 과학자들은 그 결과가 자신들의 가설을 뒷받침하는지 확인해요.

실험으로 가설이 맞는다는 것이 확인되면, 가설은 이제 **과학 이론**이 돼요.
가설이 실험 결과와 일치하지 않는다면 버려야 하지요. 이러한 과정을 **실험적인 방법**이라고 해요.
실험적인 방법은 물리학의 핵심 요소 중 하나예요.

방정식, 수학, 그리고 물리학

물리학자들은 우주에 관한 단순한 사실들을 찾아내기 위해 노력하고 있어요.
그러던 중 우주를 종종 숫자와 수학을 이용해 나타낼 수 있다는 것을 발견했어요.
방정식은 어떤 것들 사이의 관계를 수학적인 표현으로 나타낸 거예요.

이 방정식은 속력을 계산하기 위한 거예요.
속력(s)은 언제나 움직인 거리(d)를
그 거리를 움직이는 데 걸린 시간(t)으로
나누는 것과 같다(=)는 말이에요.

어떤 물건의 속력을 측정하는 일은 쉽지 않죠.
하지만 거리와 시간을 측정하는 것은 쉬워요.
방정식은 거리와 시간, 이 두 숫자를 가지고
속력을 구할 때 어떤 수학을 써야 할지 알려 줘요.

실험하는 동안 과학자들은 무언가(예를 들어 시간이나 거리 같은 것)를 숫자를 가지고 정확하게 측정해요.
방정식은 문자나 기호를 써서 측정하려는 값을 나타내요. 어떤 방정식은 단순하지만
물리학이 점점 복잡해지면 그것을 표현하는 방정식도 점점 더 복잡해져요.

이것은 물리학에서 가장 이상하고
복잡한 분야 중 하나인
양자역학을 표현한 방정식이에요.

문자와 기호를 써서
눈에 보이지도 않는
아주 작은 것들의 성질을
나타내요.

양자역학의 세계는 우리가 지금까지 발견한 가장 작은 것들을 모두 포함해요.
사람의 눈으로 볼 수 있는 것보다 훨씬 더 작은 것들이지요.
이 정도 크기에서는 물질과 에너지가 예상할 수 없는 방식으로 움직여요.

우주가 왜 수학적인 규칙을 따르는지
아무도 정확하게 모르지만,
어쨌든 그래요.

우리는 상상하기도 힘든 것을
수학을 이용해 나타낼 수 있어요.
이 책에서 앞으로 보게 될 거예요!

지구와 달과 행성들은
왜 공 모양으로 생겼을까요?

짐을 가득 실은 쇼핑 카트는
왜 운전하기가 어려울까요?

마찰력은
어떤 쓸모가 있을까요?

지구가 자전하고 있다는데,
왜 우리는 정지해 있는 것처럼
느낄까요?

제1장
힘과 운동

이 세상의 가장 커다란 수수께끼 중 하나는,
사람들이 늘 궁금해하는 거예요.
바로 '모든 것을 움직이게 하는 것을 뭘까?' 하는 의문이지요.
물리학자들에게 그 답은 간단해요. 힘이에요.
방망이로 공을 때리거나 바람이 바람개비의 날개를 돌리는 것처럼
어떤 것의 속력이 빨라지거나 방향이 바뀐다면 그것은 힘 때문이에요.

힘을 이해하고 힘에 대한 규칙을 알면,
온갖 놀라운 기계와 건물을 만들 수 있어요.
이 모든 게 **역학**이라고 부르는 물리학의 한 분야예요.
하지만 가끔 힘은 전혀 예상할 수 없는 방식으로도 움직이게 만들어요.
모든 규칙을 엉망으로 헝클어 놓으면서 말이에요.

여러분은 *지금* 움직이고 있나요?

지금 이 글을 읽고 있는 여러분은 아마 정지해 있다고 생각할 거예요. 하지만 사실 지구는 시간당 1,670킬로미터(1,670km/h)라는 엄청난 속력으로 태양 주위를 돌고 있어요. 게다가 시속 1,180킬로미터로 자전도 하고 있어요. 여러분은 움직임을 느낄 수 없겠지만, 움직이고 있어요.

움직이는 기차에 앉아 있는 것과 비슷해요.

기차가 일정한 속력으로 움직이면 기차에 탄 사람들은 움직이고 있다는 것을 느끼지 못해요. 하지만 기차 밖의 땅에 대해서 '움직이고' 있어요. 물리학자들은 흔히 "무엇에 *대해서* 움직이고 있는가?" 하는 질문을 하지요. 이 내용은 44쪽에서 다시 살펴볼 거예요.

정지와 출발

물체에 힘을 가하면 물체는 속력이나 방향이 변해요. 간단한 이야기지요?
하지만 일상생활에서 보면, 사람이나 물체는 움직일 때 계속 같은 방향으로 움직이려고 해요.
또 정지해 있을 때는 계속 정지해 있으려고 하지요.
변화에 저항하는 이런 성질을 물리학자들은 **관성**이라고 불러요.

관성을 이해하면 실생활에서 쓸모가 많아요. 예를 들어 자동차의 에어백은 관성의 영향으로 생기는 효과를 없애는 방향으로 작동해요. 에어백의 발명은 수많은 사람의 목숨을 구했지요.

자동차가 갑자기 멈추면, 운전자는 관성 때문에 앞으로 계속 움직여요.

자동차가 충돌하면 에어백을 팽창시켜 충돌에서 오는 힘을 분산시켜요. 또한 운전자가 앞 유리에 부딪히지 않게 막아 줘요.

이리저리 밀기

마트에 가서 쇼핑 카트를 밀어 본 적이 있다면, 카트에 더 많은 물건을 담을수록 움직이는 데 힘이 더 많이 필요하다는 것을 알 거예요.

빈 카트를 가득 찬 카트와 같은 힘으로 민다면, 빈 카트는 아주 빠르게 속력이 붙을 거예요. **가속도**가 더 커지는 거예요.

무거운 카트가 움직이고 있을 때는 멈춰 세우기가 더 힘들어요. 앞으로 나가려는 추진력이 더 크기 때문이에요. 이것을 **운동량**이라고 해요.

반작용

이 책을 들어 올리면 책의 무게가 손을 누르는 것을 느낄 수 있어요. 손으로 탁자를 누를 때도 비슷한 것을 느낄 수 있어요. 이것은 탁자가 손을 미는 힘이에요. 누르는 힘과 미는 힘은 크기는 *같고* 방향은 *반대*예요.

크기가 같고 방향이 반대인 두 힘은 무언가가 움직이는 원인이에요. 걷는 것, 바퀴가 움직이는 것, 노를 저어 배를 움직이는 것 등이 두 가지 힘의 작용이에요.

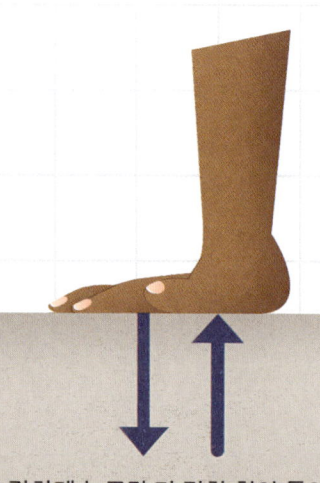

더 강하게 누르면 더 강한 힘이 돌아와요.

노를 저을 때 나는 노로 물을 *뒤로* 밀어.

그래서 배가 반대 방향인 앞으로 움직이는 거지.

자동차가 움직일 때는 바퀴가 길을 *뒤로* 밀어요. 그러면 크기가 같고 방향이 반대인, 앞으로 가는 힘이 생겨요. 이것을 **추진력**이라고 해요.

뉴턴과 뉴턴 법칙들

약 400년 전, 영국의 물리학자 아이작 뉴턴은 물체가 움직이는 *정확한* 규칙을 발견하고 그 규칙들을 '운동의 법칙'이라고 불렀어요. 뉴턴이 대단한 업적을 세웠기에 오늘날 물리학자들은 힘의 크기를 측정하는 단위를 **뉴턴**이라고 불러요. 공학자들이 놀라운 물건들을 설계하고 만들 수 있는 것은 뉴턴의 법칙들 덕분이에요.

다리는 모든 방향에서 오는 힘을 견뎌야 해요. 그 힘들은 뉴턴의 법칙들을 이용해 계산할 수 있어요.

아주 높은 건물은 바람 속에서 살짝 흔들리게 설계되는데, 기초가 깊기 때문에 무너지지 않아요.

사실 뉴턴의 법칙들이 모든 상황에 적용되지는 않아요. 하지만 공학자들이 건물과 다리를 무너지지 않게 설계하기에는 충분해요. 어쩌면 100퍼센트 맞다는 것이 물리학에서는 가장 중요한 요소가 아닐지도 몰라요….

하지만 나는 지구에서뿐만 아니라 우주 어디에서나 모든 것이 어떻게 움직이는지 설명하고 싶었어요!

뉴턴의 목표는 지구뿐만 아니라 우주에서의 힘을 설명하는 것이었어요.
뉴턴이 지구, 태양, 그리고 모든 행성이 어떻게 움직이는지 이해하는 데 열쇠가 된 힘은 **중력**이에요.
그런데 뉴턴의 법칙을 무너뜨린 것이 바로 중력이고, 뉴턴은 결코 중력을 완전하게 이해하지 못했어요.
사실 물리학자들은 여전히 중력이 어떻게 작동하는지 이해해 보려고 애쓰는 중이에요.
지금까지 우리가 알고 있는 것이 무엇인지 궁금하면 다음 쪽을 보세요.

중력

중력은 물체들이 서로 당기는 힘이에요. 중력은 모든 물체 사이에 존재해요.
지구와 모든 물체 사이에, 행성들과 태양 사이에,
우주의 모든 암석과 별 사이에도 중력이 존재해요.

중력은 여러분이 위로 뛰어오르면…

…다시 떨어지게 만들어요.

우리에게 이처럼 강한 영향을 미치고 있는 중력이 대부분의 물체 주위에서는 아주 약하다는 것을 알면
아마 놀랄 거예요. 연필이나 책 같은 작은 물체들 사이의 중력을 측정하는 것은 거의 불가능해요.
힘이 너무 약하기 때문이에요. 하지만 지구처럼 **질량이 아주 큰** 물체 주위에서는 중력이 매우 중요해져요.
어떤 물체에 있는 물질의 양이 커질수록 중력이 당기는 힘이 *강해지기* 때문이에요.

미래를 예측하기

뉴턴의 법칙과 중력 연구를 이용해, 뉴턴은 우주 공간에서 움직이는 행성과 혜성들의 경로를
계산할 수 있었어요. 핼리 혜성과 같은 특정한 혜성이 얼마나 자주, 지구에서 볼 수 있을 정도로
가까이 오는지도 계산할 수 있었어요.

1680년, 영국의 왕립 그리니치 천문대

내가 계산한 바로는, 자네의 혜성은 1755년까지 다시 나타나지 않을 거야!

뉴턴

핼리

정말 애석하군! 그때는 우리가 죽고 없을 텐데.

그러나 수성의 궤도처럼 뉴턴이 제대로 예측하지 못한 것이 있었어요.
태양과 여러 행성이 당기는 중력이 너무나 강해서, 이들 가까이 지나갈 때마다
수성의 궤도가 움직였거든요. 이것은 300년 후에 아인슈타인이 *새로운* 중력 이론을
생각해 낼 때까지 아무도 이해하지 못했어요(50쪽을 보세요).

궤도

중력이 있어서 국제 우주 정거장과 같은 물체가 지구 주위를 돌고 있어요. 지구가 끌어당기는데도 국제 우주 정거장은 지구로 떨어지지 않지요. 엄청나게 빠르게(28,000km/h) 움직이니까 앞으로 나아가기에 충분한 운동량을 가지게 되어 계속 떠 있을 수 있는 거예요.

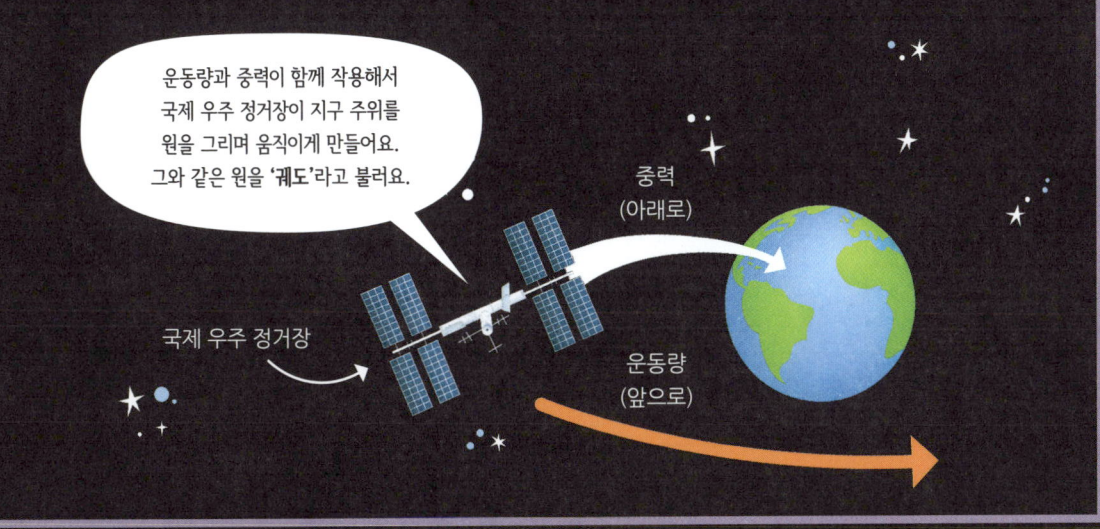

행성들은 왜 둥근 모양일까요?

행성들은 왜 바나나 모양이 아니라 모두 둥근 모양일까요? 이것도 역시 중력 때문이에요. 중력은 모든 물체를 행성의 중심으로 끌어당겨요.

행성은 작은 암석이나 얼음 조각, 기체가 서로 부딪히면서 생기기 시작해요.

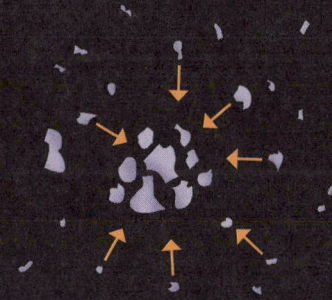

그런 조각들이 수십억 년 동안 모여서 덩어리를 만들어요. 이 덩어리가 조금씩 더 많은 물질을 중심으로 끌어당겨요…

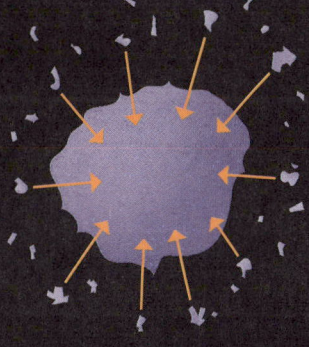

…그리하여 공 모양이 만들어지기 시작해요.

운동량과 에너지

그러니까 힘이 어떤 것을 움직이게 했기 때문에 움직인다는 거예요.
그런데 도대체 '움직인다는 것' 즉 '운동'이란 무엇인가요?
이상한 질문 같지만, 물리학자들은 **에너지**라는 단어를 써서 답해요.
모든 움직임의 형태는 **운동에너지**라고 부르는 에너지의 한 **형태**예요.

공차기를 생각해 보아요.
공을 차면 여러분이 차는 힘이 처음에 공을 움직이게 만들어요.
그런데 공은 움직이는 시간 동안 줄곧 운동에너지에 의존해요. 이 에너지는 어디에서 왔을까요?
이건 우주의 기원까지 거슬러 올라가는, 꼬리에 꼬리를 무는 긴 의문의 시작이에요.

공에 있는 에너지는…

…여러분의 다리가 공을 찰 때 쓴 에너지에서 왔어요.

그 에너지는 여러분이 먹은 음식에서 왔어요.

그리고 그 음식은 어떤 식물에서 왔어요…

…그 식물은 태양에서 오는 에너지를 흡수해서 자라요.

태양 에너지는 태양에 있는 원자들이 계속해서 서로 융합해 만들어져요.

그리고 그 원자들은 우주를 이루고 있는 모든 물질이 등장하면서 존재하게 되었어요.

에너지는 절대 새로 만들어지거나 없어질 수 없어요. 하지만 에너지는 한 형태에서 다른 형태로 바뀔 수 있고, 어떤 물질에서 다른 물질로 이동할 수 있어요.
이런 사실을 알게 된 사람들은 에너지를 이리저리 이동시키는 온갖 종류의 기계와 도구들을 만들 수 있었어요.

하지만 에너지가 도대체 무엇인지는 아무도 몰라요. 심지어 에너지를 어떤 '실체'로 생각해도 되는지 알 수 없어요. 이건 제4장에서 더 이야기할 거예요.

혼돈과 질서

큰 그림으로 볼까요. 에너지는 물질 안에 있는 원자들을 움직이게 해서 열을 만들어 내요. 그 열은 방출되어 주변 환경으로 들어가지요. 이런 과정은 질서 있는 물질, 그러니까 잘 정렬된 원자들을 혼돈된 상태로 만들어요. 얼마나 혼돈된 상태인지 또는 얼마나 *무질서하게* 되었는지를 말할 때 물리학자들은 **엔트로피**를 써요.

원래 나무에 있던 원자들과 에너지를 부서진 조각들에 있는 원자들과 주변으로 방출된 에너지와 비교해 보아요. 전체 에너지의 양은 똑같이 유지되지만, 나무는 조각으로 부서졌고 이 조각들은 '절대' 다시 원래 나무로 돌아갈 수 없어요.

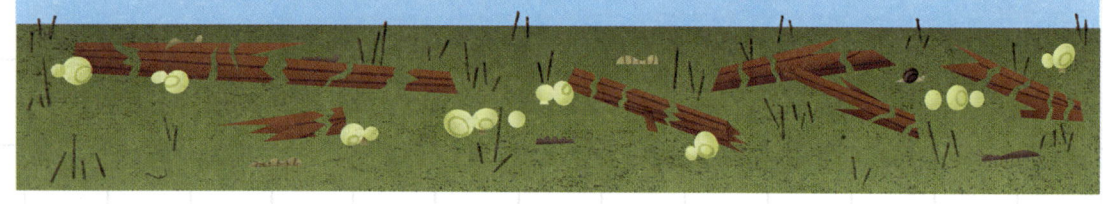

이런 식의 변화는 어디에서나 일어나요. 바위는 조금씩 쪼개지고 부서지며, 음식은 맛이 변하고 부패하지요. 이것은 물리학자들이 **열역학**이라고 부르는 법칙의 결과예요. 열역학 법칙에 따르면, 시간이 갈수록 물체는 점점 무질서하고 혼돈된 상태로 변해요. 그리고 절대 다시 돌아가지 않아요.

힘과 물질

우리가 알기로는 에너지와 힘은 물질로 만들어진 물리적인 물체에만 작용해요.
그 결과, 물체들의 상호 작용에서 흥미로운 일들이 벌어지지요.
예를 들면, 물에 뜨느냐 하는 문제에서는 *크기*는 별로 중요하지 않고
그 물질이 얼마나 *단단하게 뭉쳐져* 있는지,
즉 얼마나 **밀도**가 높은지가 더 중요해요.

큰 배 안에는 공기가 아주아주 많아요.
공기는 적은 양의 입자들이
아주 넓게 퍼져 있는 거예요.

돌멩이 안에는 수많은 입자가
단단하게 뭉쳐져 있어요.

물은 수많은 입자가 넓게 퍼져서 이루어져요.

배는 정말로 엄청난 양의 물을 밀어내는데
물은 또 배를 밀어 올리지.
그런데 배에는 공기가 많아서
물만큼 밀도가 높지 않기 때문에
배가 물에 뜨는 거야.

돌이 밀어내는 물은 양이 적어서
돌보다 무게가 덜 나가.
그러면 물이 밀어 올리는 힘이
돌을 밀어낼 정도로 충분하지 않단다.
돌은 물보다 밀도가 높기 때문이지.

아! 그래서 큰 배는 물에 뜨지만
작은 돌은 가라앉는군요.

어떤 물체는 심지어 공기에도 떠요.
그 물체를 이루고 있는 물질이
공기보다 밀도가 높지 않고
가볍다면 말이에요.

이 비행선은
공기를 구성하는 기체보다
밀도가 낮은 헬륨 기체로
채워져 있어요.

비행선이 공기를 밀어내면
공기는 비행선을 띄우기에 충분한 힘으로
비행선을 밀어 줘요.

마찰력

물체를 서로 문지르면 **마찰력**이 생겨요.
공이 평평한 표면 위를 구르는데도 점점 느려져서 멈추게 되는 힘이 마찰력이에요.
마찰력은 공기나 물속에서 움직이는 물체도 느려지게 만들어요.
물체를 이루고 있는 입자들이 공기와 물에 부딪히기 때문이지요.

더 빨라지고 싶은 운동선수들은 마찰력을 줄이기 위해
온갖 노력을 기울여요. 그래서 운동 선수들은…

…몸을 더 매끄럽게 하려고
몸에 난 털을 모두 깎아요.

…부드럽고 몸에 딱 붙는 섬유로
만든 수영복을 입어요.

…표면이 매끄러운
수영 모자와 물안경을 써요.

…길고 날씬한 *유선형* 모양으로
헤엄을 쳐요.

동물들도 역시 마찰력을 줄여야 해요.
예를 들어, 사냥하는 새는 몸을 유선형으로 만들어서
최대한 빠르게 날아내려서 먹이를 잡아요.

어떤 것은 마찰력이 큰 게 더 좋아요.
예를 들어, 신발 바닥이나 자동차 바퀴는
표면이 울퉁불퉁하고 거칠어요. 그러면
바닥에 잘 붙어서 미끄러지는 것을 막아 줘요.

속력과 에너지

운동에너지에서 정말로 중요한 것은 속력이에요.
예를 들어 시속 60킬로미터로 움직이는 자동차는
시속 30킬로미터로 움직이는 자동차보다
4배 큰 운동에너지를 가져요.
그러니까 충돌을 하면 4배로 많이 부서질 가능성이 있어요.

끼이이익

지구 탈출

속력은 로켓을 우주로 발사하는 데
필요한 에너지를 만들 때도 매우 중요해요.
강력한 지구의 중력을 탈출하려면 로켓의 이륙 속력은
시속 40,000킬로미터는 되어야 해요.
여객기가 이륙하는 속력의 120배지요.
게다가 로켓을 추진할 때 쓰는 연료도
충분히 실어야 해요.

로켓 여행은 높이 올라갈수록
쉬워져요. 공기가 희박해져서,
로켓의 속력을 줄이는
공기 저항이 줄어드니까요.

연료를 다 쓰면 연료 탱크가
가벼워져서 지구가 당기는
중력도 약해져요.

로켓에서 가장 무거운 짐은 연료예요. 과학자들에게는 로켓의 무게를 최대한 줄이는 게 도전 과제지요.
미래에는 새로운 방법으로 로켓을 추진하는 힘을 조절할 수 있을 거예요.

이 새 우주선은 너무 가벼워서
지구의 중력이 당기는 것을
거의 느낄 수가 없어!
우리 우주선에서 가장 무거운 건
우리가 서 있을 수 있게 도와주는
인공 중력 발생기야.

옛날 우주선은
대기를 가르고 날기 위해
유선형 모양이었대.
하지만 지금 우주에서는
어떤 모양이든 상관없어.

27

머리카락이
왜 풍선에 달라붙을까요?

파동은 어떻게
공간을 가로질러
메시지를 전달할까요?

연못의 물결이
어떻게 빛과 닮았나요?

제2장
파동

파동은 어디에나 있어요. 바다에서는 파도가 오르내리고,
지진이 나면 진동이 땅을 통과해 퍼져요.
이 책의 책장을 넘기면 빛의 파동이 글자에 반사되고
소리의 파동은 공기를 통과해 우리 귀로 들어와요.

또한 전파나 적외선, 자외선과 같이
우리가 듣거나 볼 수 없는 파동도 많아요.

물리학자들은 파동이 세상과 상호 작용하며
움직이고 변화하는 방식에 무척 마음이 끌렸어요.
파동에 대한 연구는 텔레비전과 와이파이부터
야간 투시 카메라와 암 치료기에 이르기까지
놀라운 발명품으로 이어졌어요.

파동은 무엇일까요?

모든 파동은 에너지를 전달하는 **진동**이에요. 어떤 파동은 빠르고 어떤 것은 느려요. 어떤 파동은 크고 길게 뻗은 모양이고, 어떤 것은 작고 촘촘한 모양이에요. 파동이 움직여 나아가는 경로에서 무언가를 만난다면 파동은 여러 가지 방식으로 상호 작용해요.

파동의 예를 하나 들어 볼게요.

파도가 해변을 향해 수평으로 움직이는 동안 서핑하는 사람은 수직으로 움직여요.
파도가 지나가고 나면 서핑하는 사람은 거의 원래 있던 자리로 돌아와요.

다음은 또 다른 종류의 파동이에요.

스프링을 지나가는 파동은 파도와는 다른 방식으로 움직여요. 한 사람이 스프링의 한쪽 끝을 툭 밀면, 감긴 줄이 움직이고 서로 튕기면서 스프링을 따라 앞으로 나아가는 파동이 만들어져요.
감긴 줄도 파동과 같은 방향으로 움직여서, 파도 타는 사람처럼 같은 곳에 남아 있지는 않아요.

파동 설명하기

물리학자들은 파동의 모양과 움직이는 시간을 관찰함으로써,
파동과 파동의 움직임에 대해 많은 것을 알아낼 수 있어요.
어떤 사람이 호수에 발을 담그고 서서 돌을 던지는 예를 생각해 보아요.
파동의 한 종류인 물결이 물을 가로질러 움직여 와서 그 사람의 다리에 부딪힐 거예요.

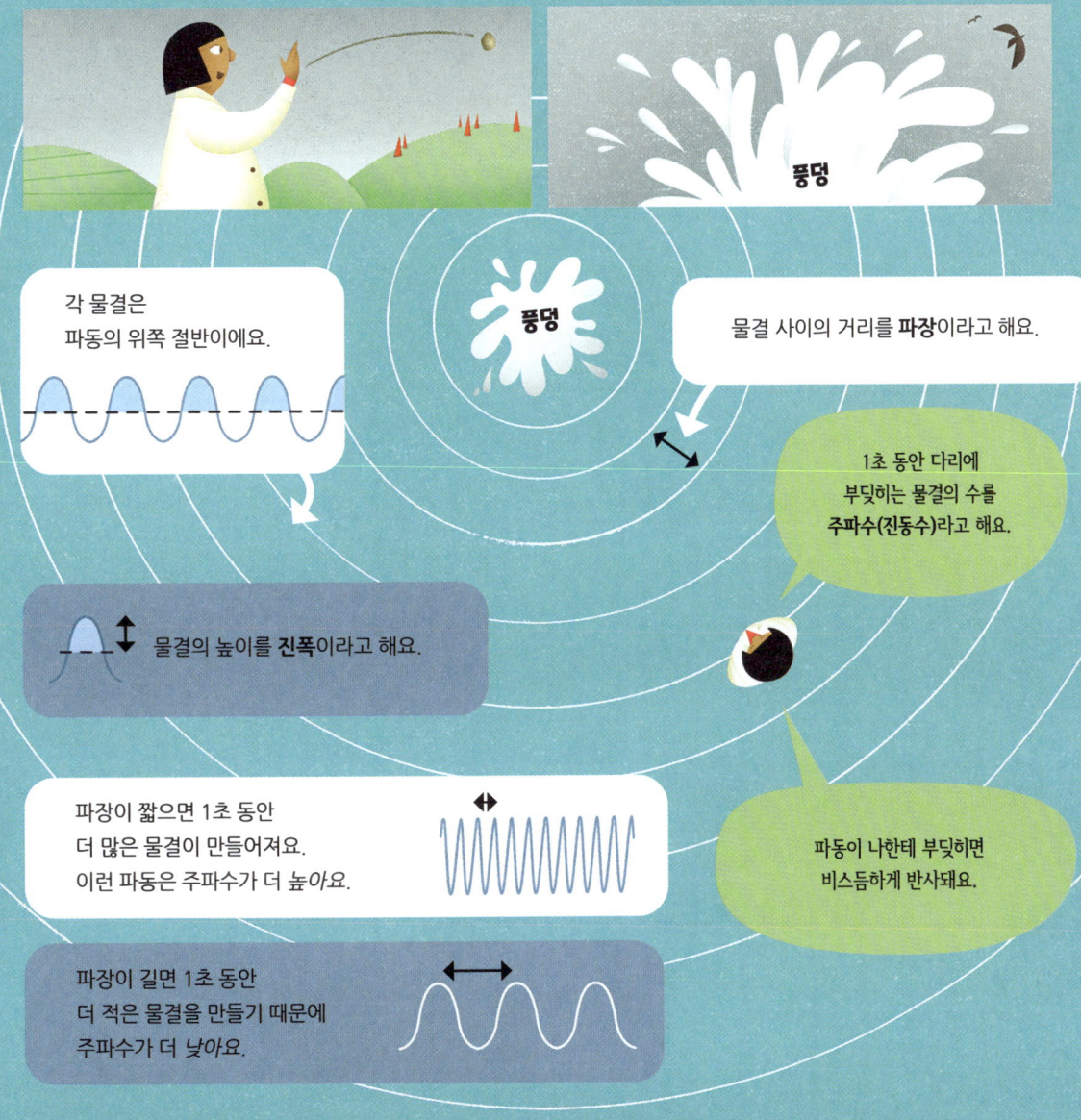

각 물결은 파동의 위쪽 절반이에요.

물결 사이의 거리를 **파장**이라고 해요.

1초 동안 다리에 부딪히는 물결의 수를 **주파수(진동수)**라고 해요.

물결의 높이를 **진폭**이라고 해요.

파동이 나한테 부딪히면 비스듬하게 반사돼요.

파장이 짧으면 1초 동안 더 많은 물결이 만들어져요. 이런 파동은 주파수가 더 높아요.

파장이 길면 1초 동안 더 적은 물결을 만들기 때문에 주파수가 더 낮아요.

물에서 생기는 파동만 뭔가에 반사되어 방향을 바꾸는 것은 아니에요.
빛과 **음파**를 포함해 많은 종류의 다른 파동도 마찬가지예요.
물리학자들은 쉽게 관찰할 수 있는 물결을 연구하고 측정함으로써,
종종 눈에 보이지 않는 다른 파동들에 대해서도 많은 것을 알아낼 수 있어요.

음파

음파는 공기, 액체, 심지어 고체로 된 물체의 진동으로 만들어져요.
세 종류의 물체는 모두 **입자**로 이루어져 있어요.
입자들이 서로를 밀어내면서 스프링의 감긴 줄이 움직이는 것과 비슷한 파동을 만들어요.
파동의 진동이 우리 귀에 닿으면 소리를 느낄 수 있어요.

소리의 **높낮이**는 파동의 주파수, 그러니까 파동이 움직이면서 얼마나 밀집해 있거나 퍼져 있는지에 따라 결정돼요.

높은 소리
높은 주파수,
즉 촘촘한 진동은
높은 소리를 만들어요.

낮은 소리
낮은 주파수,
즉 퍼져 있는 진동은
낮은 소리를 만들어요.

큰 소리는 큰 진폭을 가진 파동으로 큰 진동을 만들어요.

큰 소리
어떤 소리는 너무 커서
귀에 손상을 줄 수 있어요.
그래서 큰 소리 가까이 있을 때는
귀에 보호 장치를 써야 해요.

작은 소리
작은 소리는 작은 진폭을 가진
파동으로 작은 진동을 만들어요.

소리가 변해요

구급차가 *다가올* 때 나는 사이렌 소리가 여러분을 지나쳐 *멀어질* 때에는
높낮이가 바뀌는 것을 느낀 적이 있나요?
이런 현상을 **도플러 효과***라고 하는데, 음파가 뭉쳐졌다가 다시 펴질 때 일어나요.

*오스트리아의 물리학자 크리스티안 도플러가 발견했어요.

메아리

음파는 물결처럼 사물의 표면에서 *반사*가 일어나요. **메아리**가 들리면 소리가 반사된다는 뜻이에요.
단단하고 매끈한 표면으로 된 텅 빈방에서는 소리가 반사되어 메아리가 많이 생겨요.
커튼과 카펫, 가구가 많은 방은 소리를 흡수하므로 메아리가 거의 생기지 않아요.

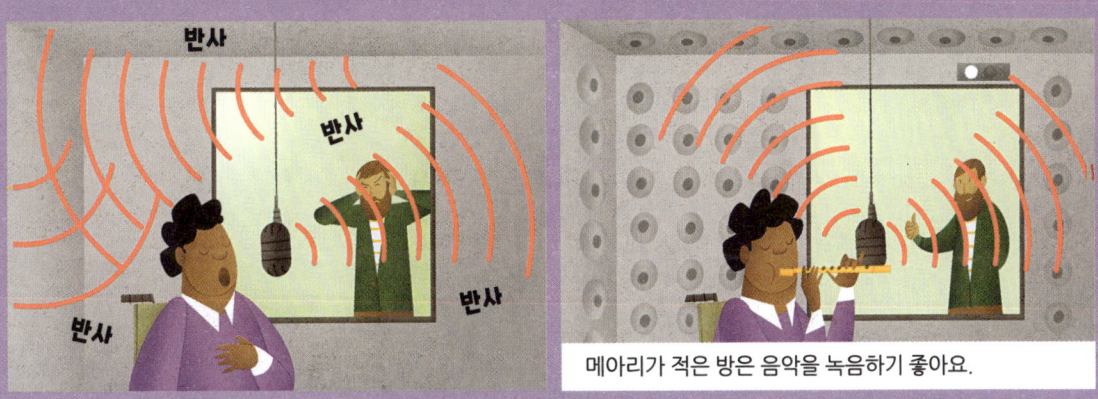

메아리가 적은 방은 음악을 녹음하기 좋아요.

우주 공간을 이동하기

음파는 빈 공간을 *이동할 수 없어요*. 진동할 입자가 없기 때문이에요.
하지만 **빛의 파동**을 비롯해 빈 공간을 이동하는 파동도 있어요.
빛은 진동하는 전기장과 자기장으로 이루어져 있어서 움직이는 입자가 필요하지 않아요.
이에 대해 설명하려면, 전기와 전자라는 작은 입자 이야기를 해야 해요. 책장을 넘겨서 더 알아보세요.

전기와 전하

모든 물체는 원자라고 하는 작은 구성 요소들로 이루어져 있어요.
원자 안에는 *더 작은 구성 요소(입자)*가 있는데, **전자**도 여기에 속해요.
전자들은 원자의 가장자리에서 움직여요. 전기를 만드는 것은 바로 전자들이에요.

전자는 원자의 **핵** 주위를 돌아요. 전자는 주로 아래 그림처럼 표시하는데, **음의 전하**를 가져요.

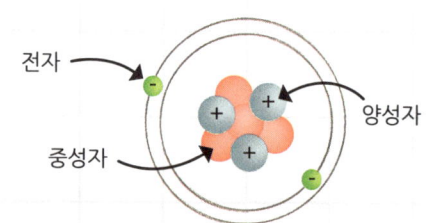

핵 안에는 양성자와 중성자라는 입자들이 있어요. 중성자는 전하를 가지지 않고, 양성자는 **양의 전하**를 가지는데 아래 그림처럼 표시해요.

원자가 같은 수의 전자와 양성자를 가지면 서로 영향을 주고받아 전하의 효력이 없어져요.
그런데 종종 전자는 한 곳에서 다른 곳으로 이동해요.
어떤 것이 전자를 얻으면 이것은 *음의 전하*를 가져요. 전자를 잃으면 *양의 전하*를 가져요.
그리고 중요한 것이 있는데, **반대 전하는 서로 끌어당겨요.**

달라붙는 전기

여러분도 반대되는 전하의 쌍을 아주 쉽게 만들 수 있어요. 머리카락에 풍선을 문지르기만 하면 돼요.

이런 종류의 전하를 **정전기**라고 해요. 때로는 전기 불꽃이 나타나고 공기가 갈라지는 소리가 날 수도 있어요. 머리카락에서 나온 전자가 풍선으로 가는 도중에 공기 중에 있는 원자와 빠르게 충돌하는 거예요.

전기장

머리카락에 풍선을 문지르면 풍선과 머리카락에 전하가 만들어져요.
이것은 또한 머리카락과 풍선 주변에 **전기장**이라는 것이 생겼다는 뜻이에요.
전기장은 그 안으로 들어오는 물체에 영향을 주는 보이지 않는 힘이에요.

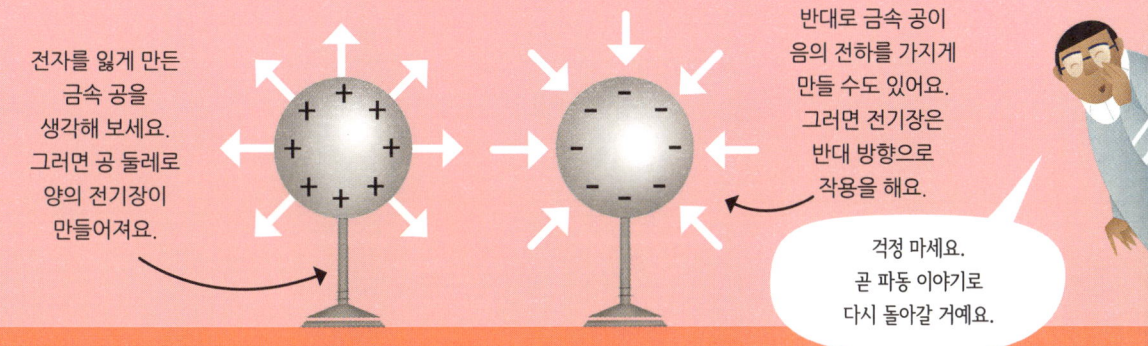

전자를 잃게 만든 금속 공을 생각해 보세요. 그러면 공 둘레로 양의 전기장이 만들어져요.

반대로 금속 공이 음의 전하를 가지게 만들 수도 있어요. 그러면 전기장은 반대 방향으로 작용을 해요.

걱정 마세요. 곧 파동 이야기로 다시 돌아갈 거예요.

자기장

'반대 전하는 서로 끌어당긴다'는 규칙은 전기장에만 적용되는 것이 아니에요.
이 규칙은 자석 주위에 생기는 **자기장**에서도 마찬가지예요.
자기장은 철이나 니켈 같은 특정한 금속들이 달라붙게 만들어요. 자기장을 눈으로 볼 수는 없지요.
하지만 다른 자석이나 금속을 가까이 가져가면, 자기장의 효과는 볼 수 있어요.

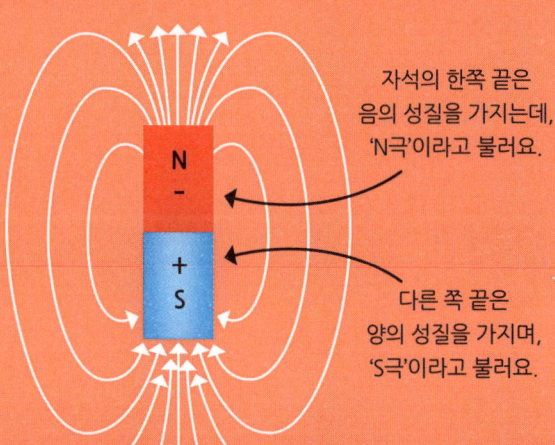

자석 근처의 자기장이 보인다면 이런 모습일 거예요.

자석의 한쪽 끝은 음의 성질을 가지는데, 'N극'이라고 불러요.

다른 쪽 끝은 양의 성질을 가지며, 'S극'이라고 불러요.

한 자석의 N극은 다른 자석의 S극을 끌어당겨서 떼어 놓기 힘들어요.

두 자석을 같은 극끼리 붙이는 일 또한 쉽지 않아요.

자석은 전자들이 움직여서 작동해요. 자석에는 여러 종류가 있어요.
어떤 자석은 영구적이고, 어떤 자석은 일시적으로 작동했다 말았다 해요.
책장을 넘겨서 좀 더 알아보아요.

전자기학

중요한 물리학적 사실이 있어요. 움직이거나 변화하는 자기장은 전자의 흐름을 만들어 낸다는 거예요. 이와 같은 전자의 흐름을 **전류**라고 불러요. 전류의 발견 덕분에 전기로 작동하는 수많은 기계를 발명할 수 있었어요. 200년 전에 마이클 페러데이는, 같은 일을 하는데 작동 방식은 다른 기계를 만들었어요.

오늘날에는 전자석을 이용해 작동하는 물건이 많아요.
전자석은 전동기나 음악을 듣는 스피커, 심지어 초인종 안에도 들어 있어요.
전자석의 엄청난 장점은 스위치만으로 기계를 움직이고 멈출 수 있다는 거예요.

초인종의 작동 원리

전기초인종을 누르면 전자석으로 전류가 흘러요.
그러면 자기력이 추가 붙어 있는 영구 자석을 당겨서 종을 치게 만들어요.
아래 그림을 보세요.

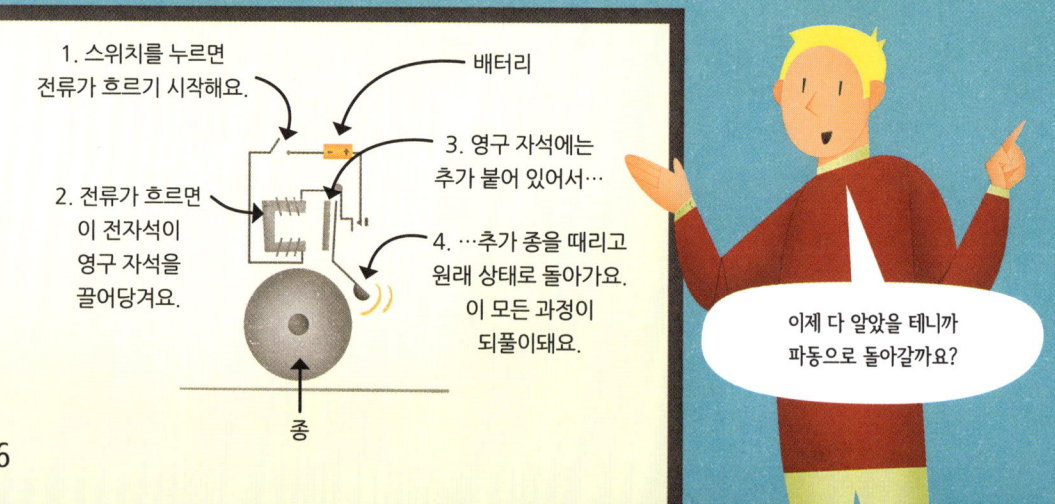

전자기파와 빛

물리학에서 중요한 또 다른 사실이 있어요. 전자를 초과해서 가진 원자를 비롯해, 전하를 가진 움직이는 입자는 전기장과 자기장을 만든다는 거예요. 이 전기장과 자기장은 파동으로 이동하는데, 빛의 속력으로 움직여요. 그러니까 빛과 전기와 자기는 모두 연관되어 있어요. 이 사실은 1860년대에 제임스 클러크 맥스웰이 발견했어요.

나는 이렇게 움직이는 전기장과 자기장을 **전자기파**라고 부를 거예요.

전자기파에 대해서 알아야 할 중요한 세 가지 사실이 있어요.

1. 전자기파는 우주 공간을 비롯해 빈 공간을 이동할 수 있어요.

2. 전자기파에는 우리가 볼 수 있는 파동도 있어요. 이것을 **가시광선**이라고 해요.

3. 전자기파는 에너지를 운반하고, 물결파 등 다른 종류의 파동들과 거의 비슷하게 굴어요. 이 말은 주파수와 파장을 측정할 수 있다는 뜻이에요.

빛의 스펙트럼

사실 전자기파는 파장이 아주 길고 낮은 에너지에서부터 파장이 아주 짧고 높은 에너지까지, 다양한 파장으로 이동해요. 그리고 이것들은 모두 측정할 수 있어요. 이 파장의 범위를 **전자기 스펙트럼**이라고 해요.

스펙트럼에서 파장이 가장 길고 에너지와 주파수가 가장 낮은 파동을 **전파**라고 해요.

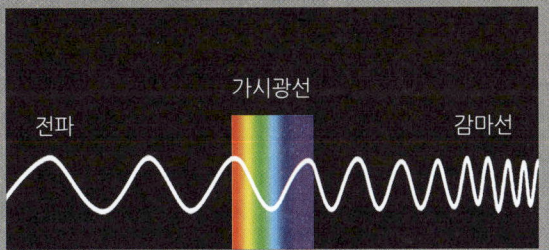

파장이 가장 짧고 에너지와 주파수가 가장 높은 파장을 **감마선**이라고 해요.

가시광선은 스펙트럼의 중간에 있고, 중간 크기의 파장을 가져요.

이처럼 여러 가지 파동이 움직여 가다가 무언가를 만났을 때 각각 어떤 반응을 보이는지, 사람들이 그것을 어떻게 이용하는지를 살펴보면 정말 흥미로워요. 다음 쪽에서 그중 몇 가지 사례와 그것 때문에 사람들의 생활이 어떻게 달라졌는지 알아보세요.

전파

전파는 건물, 물, 나무, 지구의 대기를 통과하고 우주까지도 먼 거리를 쉽게 이동할 수 있어요. 전파는 심지어 흡수되거나 손실되는 일 없이 산을 빙 둘러 휘어질 수도 있어요.

안녕하세요, 여러분! 여러분은 음악회 생방송을 전파를 이용해 듣고 있어요. 이 파동은 통신탑을 거쳐서 여러분 집에 있는 수신기로 간답니다.

마이크로파(초단파)

마이크로파는 유리, 도자기, 플라스틱은 통과하지만, 물에는 흡수되어 버려요. 전자레인지는 이 원리로 작동해요.

전자레인지는 음식 안에 있는 물 분자들을 진동시켜요. 그러면 음식이 뜨거워져요.

휴대 전화나 위성 방송, 와이파이는 마이크로파로 신호를 보내요.

마이크로파 신호는 언덕 위나 지하로는 잘 이동하지 못해요. 그래서 언덕이 많은 지역이나 지하에서는 종종 신호가 잘 잡히지 않아요.

적외선

물체는 적외선 파동을 열로 내보내요. 적외선은 사람 눈에는 보이지 않지만, 어떤 동물들은 적외선을 이용해 어두운 밤에 먹이를 찾아요.

적외선은 텔레비전 리모컨이나 안전 센서, 야간 투시용 카메라에 쓰여요.

사슴에서 나오는 열, 그러니까 적외선 파동을 감지하는 열 투시 카메라로 밤에 야생 동물을 관찰할 수 있어요.

가시광선

가시광선은 스펙트럼의 중간에 있는 좁은 파장 영역이에요. 양쪽 옆은 파장이 너무 길거나 짧아서 사람 눈으로는 볼 수 없어요. 가시광선은 파장의 길이에 따라 다른 성질(또는 색깔)을 가져요. 우리 눈에는 흔히 여러 색이 합쳐진 흰빛이 보이지만, **프리즘**을 사용하면 12쪽에서처럼 무지개색으로 분리할 수 있어요.

자외선

사람은 자외선을 볼 수 없지만, 벌은 볼 수 있어요. 벌들은 자외선을 이용해 꽃에서 꿀을 찾아요. 사람들은 벌의 이 능력을 모방해 기계를 만들었어요. 지폐에서 자외선 잉크를 찾아내는 기계예요.

아, 여기에는 자외선 잉크가 없군. 이건 위조지폐야!

자외선은 사람의 세포에 손상을 줄 수 있어요.

하지만 병원에서는 바이러스와 세균을 죽이는 데 자외선을 활용할 수 있어요.

엑스선

엑스선은 뼈나 금속을 제외하고 대부분의 물질을 통과할 수 있어요. 그래서 무언가의 내부를 들여다보는 데 사용해요.

아, 저 뼈는 확실히 부러졌군요. 수술을 해야겠어요.

죄송하지만 가위를 가지고 비행기를 탈 수는 없어요.

감마선

감마선은 엄청나게 강력해서 아주 밀도가 높은 것이 아니면, 많은 물질을 통과할 수 있어요.

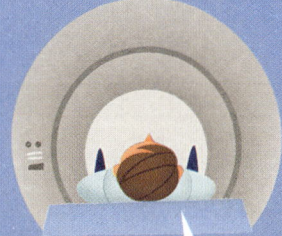

감마선을 방출하는 방사성 화학물질은 암세포를 죽이는 데도 쓰여요.

감마선 기계는 음식에 들어 있는 세균과 바이러스를 죽이고, 곰팡이가 자라는 것을 막아 주며, 과일이 빨리 익어 버리지 않게 해 주어요.

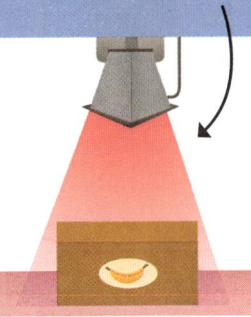

내가 들고 있는 이런 프리즘은 빛이 통과할 때 휘어지게 만들어요. 빛은 각 파장마다 휘는 정도가 달라서 흰빛이 색색의 띠로 나누어져요.

보라색 빛은 파장이 가장 짧아서 가장 많이 휘어져요.

뉴턴

시간과 공간 자세히 들여다보기

물리학자들은 우주에서 오는 전자기파를 관측하기 위해서 점점 더 복잡한 기기들을 개발하고 있어요. 이러한 기기를 이용해 우리은하에 있는 것뿐만이 아니라 아주아주 멀리 있는 것에 대해서도 알아낼 수 있기를 기대하는 거예요.

이게 시간이랑 어떤 관계가 있을까?

일반적인 망원경으로 달을 보면, 우리가 보는 달은 사실 1.3초 전의 달이에요. 달에서 출발한 빛의 파동이 우리 눈에 도착하는 데 1.3초가 걸리기 때문이에요.

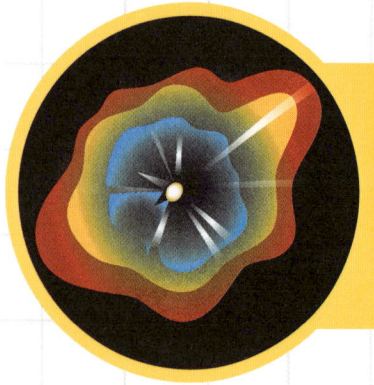

천체가 멀리 있을수록 빛의 파장이 지구에 도착하는 데 더 많은 시간이 걸려요. 따라서 **초신성**과 같이 짧은 시간 동안 벌어지는 멋진 사건을 본다 해도, 그건 엄청 오래 전의 모습이에요. 빛이 우리 눈에 도착하기까지 오랜 시간이 걸리니까요.

지금부터는 지구 대기권 밖에 우주선이 떠 있고, 우리가 그 우주선에 있는 강력한 망원경을 사용한다고 상상해 보세요. 이 망원경은 아주 먼 우주에서 엄청난 폭발로 생겨난 감마선을 관측할 수 있어요.

이 망원경은 어마어마하게 멀리 있는 것도 관측할 수 있어서 수백만 년 전, 심지어 수십억 년 전에 일어난 사건도 찾아낼 수 있어요.

가능한 한 먼 우주를 보기 위해서, 과학자들은 정체를 알 수 없는 전파를 찾아내는 거대한 접시 수신기를 설치했어요. 이 같은 전파는 아주 먼 거리까지 도달할 수 있기 때문에 외계 지적 생명체를 발견하려고 할 때 이 방법이 가장 유리하지요.

미래의 파동들

파동에서 가장 주목할 만한 것은 파동이 운반하는 에너지예요.
이 에너지는 공간을 가로질러 정보를 전달할 수 있고, 물질을 통과할 수도 있어요.
하지만 물체에 손상을 주거나 파괴할 수도 있지요. 물리학자들은 생명을 지키고 지구를
보호하기 위해, 파동의 능력을 이용할 수 있는 새롭고 더 안전한 방법들을 찾고 있어요.

과학자들은 이전에는 별로 관심을 받지 못하던 '테라헤르츠파'라는 새로운 형태의 파동으로 실험을 하고 있어요. 이 파동은 스펙트럼에서 마이크로파와 적외선 사이에 있어요.

테라헤르츠파는 많은 물질을 통과할 수 있어요. 하지만 자외선, 감마선, 엑스선과는 달리 사람의 세포에 손상을 주지 않아요.

테라헤르츠파는 피부에 손상을 주지 않고 안전하게 피부암을 찾아내는 데 이용될 수 있어요.

테라헤르츠파의 좋은 점은 작은 마이크로칩에서 방출된다는 거예요.

이 칩이 들어 있는 작고 휴대가 간편한 기계는 보안 검색대나 세관에서 봉투나 상자 안을 들여다보는 데 이용할 수 있어요.

전파가 꽤 강력하다는 걸 알고 계셨어요? 전파는 우주에서 오는 전하를 가진 입자들의 방향을 바꿀 수도 있어요.

물론 알죠! 사실 인간은 이미 지구 주위에 거대한 거품을 만들기에 충분한 전파를 방출했어요. 이것이 해로운 입자들로부터 우리를 보호해 줘요.

전파처럼 주파수가 아주 낮은 파동은…

태양 플레어*에서 나오는 해로운 방사선을 막을 수 있어요.

*태양 플레어는 태양 대기에서 발생하는 엄청나게 격렬한 폭발이에요.

시간은 이 우주에 있는
누구에게나
똑같이 흐를까요?

$E = mc^2$
이것의 의미는 뭘까요?

중력은
어디에서 오는 걸까요?

아인슈타인은 무엇 때문에
그렇게 유명할까요?

제3장
빛의 속력과 우주의 모양

우리가 우주를 이해하는 데서 비약적인 발전을 이루어 온 것은, 물리학자들이 상상력을 이용했기 때문에 가능했어요. 물리학자들은 **사고 실험**이라는 기술을 이용해요.

역사상 가장 유명한 물리학자 중 한 명인 알베르트 아인슈타인도 종종 사고 실험을 했어요. 그중 하나는 빛의 속력과 관련이 있어요. 아인슈타인의 이 사고 실험은 20세기 초에 과학 혁명을 이끌었고, 단순해 보이는 두 가지에 대해 사람들이 생각하는 방법을 바꾸어 놓았어요. 그 두 가지는 바로 '시간과 거리'예요.

시간과 거리에 대한 사고 실험으로 아인슈타인은 마침내 우주 전체를 다시 생각하게 되었어요.

빛이 자신보다 빠르게 움직일 수 있을까요?

아인슈타인은 책에서 빛이 빈 공간에서 언제나 일정한 속력으로 움직인다고 쓰인 것을 읽었어요. 빛의 속력은 어마어마하게 빨라요. 그래도 사람들은 행성과 별들의 움직임을 보고 빛의 속력을 측정할 수 있었어요. 아인슈타인은 빛의 속력이 일정하다는 사실이 움직임(운동)에 대한 우리 생각에 어떤 영향을 주는지 궁금했어요.

내가 기차역 승강장에 서 있는데, 기차가 일정한 속력으로 지나간다고 상상해 보세요.

기차가 지나가는데…

…기차의 앞쪽과 뒤쪽이 번개를 맞았어요.

내가 서 있는 곳에서는 빛이 같은 거리를 이동해서 나에게 도착해요. 그래서 번개가 동시에 기차를 때리는 것처럼 보여요.

여기까지는 분명하죠.

하지만 승객인 *나의* 관점에서는 번개가 앞쪽을 먼저 때리는 것처럼 보여요.

승객은 앞쪽으로 움직이므로 뒤쪽을 때린 번개의 빛은 더 멀리 이동해야 승객의 눈에 도착하기 때문이에요.

만일 승객에게도 두 번개가 동시에 때리는 것처럼 보이려면 뒤쪽 번개의 빛이 빛의 속력보다 더 빠르게 이동해야 해요. 하지만 빛은 그보다 더 빠르게 이동할 수 없어요.

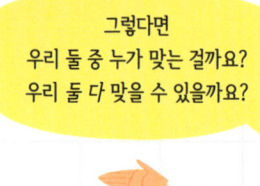

그렇다면 우리 둘 중 누가 맞는 걸까요? 우리 둘 다 맞을 수 있을까요?

빛의 속력이 바뀔 수 없다면 *다른 뭔가가* 변해야 해요. 시간의 흐름이나 빛이 이동하는 거리가 달라져야 해요.

"기차가 시속 200킬로미터로 달린다면 기차에 탄 사람은 시간이 다르게 움직이고 있다는 것을 알아채지 못할 거예요."

"하지만 엄청나게 더 빠른 속력, 그러니까 빛의 속력에 가깝다면, 시간이 느려지는 것을 아주 잘 알아차릴 수 있을 거예요."

"내 계산에 따르면 시간과 거리는 '상대적'이라는 걸 알 수 있어요. 가만히 서서 보고 측정하는 것은 움직이는 사람이 보고 측정하는 것과 달라요."

"내가 거의 빛의 속력에 가까운 속력으로 10분 동안 날아간다면, 나를 지켜보는 사람은 그 시간이 10분보다 길게 느껴질 거예요."

"그리고 그 사람이 보는 나는 내가 보는 나보다 더 짧은 공간을 이동한 것으로 보일 거예요. 공간도 역시 변할 수 있기 때문이에요."

"그 사람과 내가 속력은 똑같이 측정하지만, 시간은 다르게 느끼기 때문이에요."

"이런 이야기가 이상하게 들리겠지만, 빛의 속력이 언제나 똑같이 유지될 수 있으려면 이 방법밖에 없어요."

"시간과 공간은 동일한 우주 구조의 두 부분이에요. 이 구조는 여러분의 속력과 관점에 따라 늘어나거나 줄어들 수 있어요."

아인슈타인은 자신의 이 아이디어를 **'특수상대성이론'**이라고 불렀어요. 이 이론이 빛의 속력에 대해서 시간과 공간이 어떻게 *상대적*으로 존재하는지 설명하기 때문이에요.

과학자들은 이제 시간과 공간을 하나로 생각해서 **시공간**이라고 불러요.

아마 터무니없는 소리처럼 들릴 거예요. 왜냐하면 이런 현상은 엄청나게 빠른 속력이나 어마어마한 거리에서만 분명해지기 때문이에요. 물리학자들은 수많은 관측을 거쳐 이 이론을 검증했어요. 다음 쪽에서 그런 관측들 중 하나를 알아보아요.

뮤온을 어떻게 관측할 수 있을까요?

'**뮤온**'은 아주 작은, 원자보다 더 작은 입자예요. 뮤온은 태양에서 온 높은 에너지의 양성자들이 지구의 대기와 충돌할 때 만들어져요. 뮤온은 빛에 가까운 속력으로 대기를 통과해 비처럼 내려요. 움직임이 무척 빨라서 뮤온을 찾아내는 건 사실 불가능한 일이에요. 하지만 관측할 수 있는 방법이 있어요.

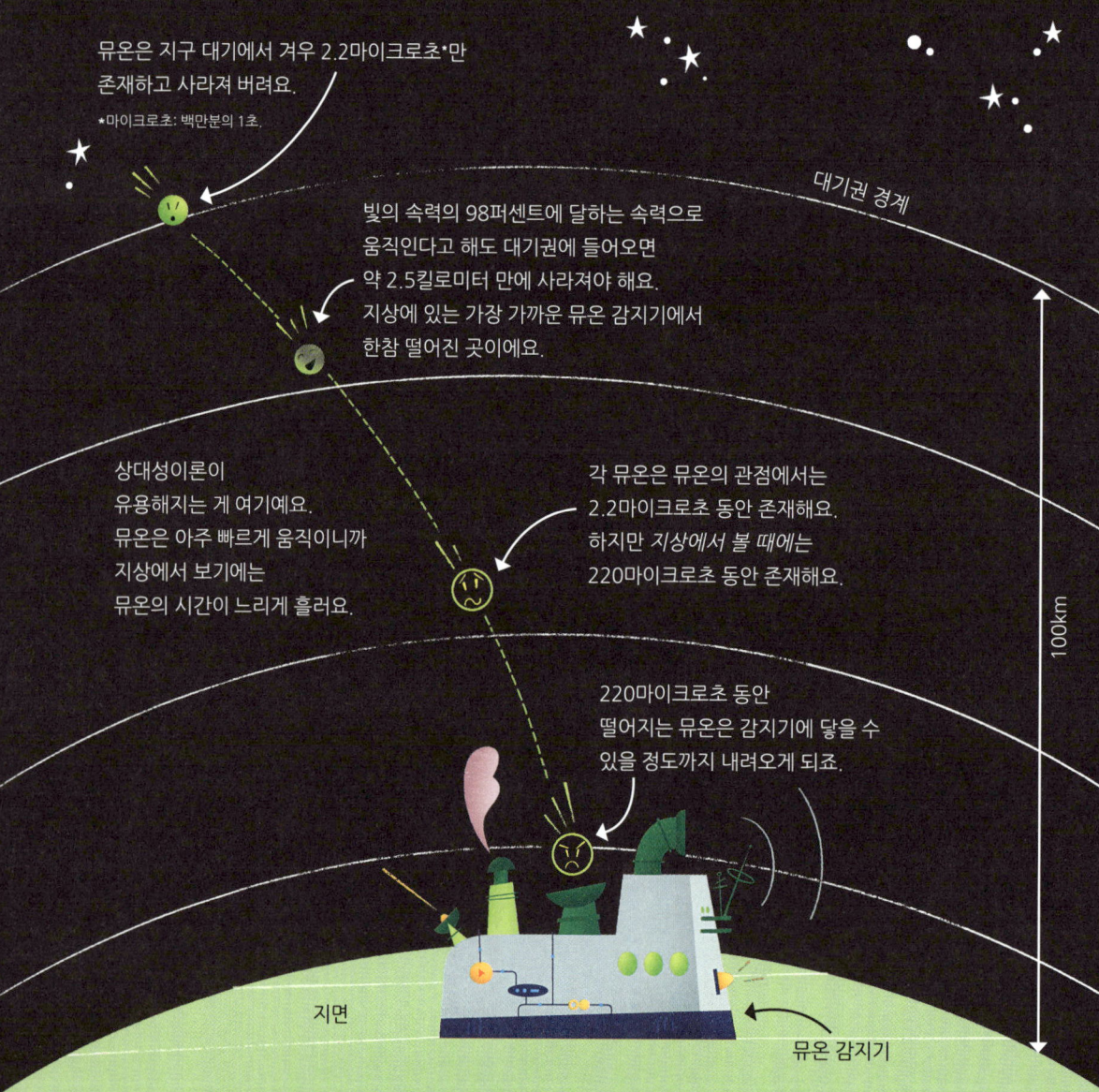

뮤온을 관측하고 분석하는 데에는 많은 특수 장비가 필요하고 수학도 많이 사용돼요. 우리는 빛의 속력으로 움직이는 것을 경험할 수 없기 때문에 머리로만 특수상대성이론을 이해하는 게 어려울 거예요. 하지만 이 이론은 잘 들어맞아요.

시간 여행으로 생기는 문제

물리학자들과 과학 소설 작가들은 특수상대성이론의 효과를 보여 줄 수 있는
온갖 종류의 사고 실험을 생각해 냈어요.
그중에서 특히 우주여행으로 혼란스러운 일이 벌어질 거라는 예측도 있었어요.

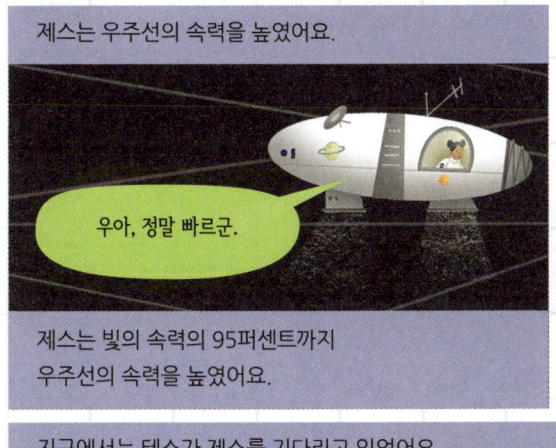

현재로서는 **빛의 속력**과 비슷한 속력으로도 이동할 수 없어요. 그래서 오늘날 우주 비행사들에게는
이런 종류의 시간 지연은 심각한 문제가 아니에요. 하지만 우리가 다른 별을 방문할 수 있을 정도로
어마어마하게 빠른 속력으로 이동하는 법을 알아내게 된다면, 그때는 심각한 문제가 될 거예요.

상대성이론과 $E = mc^2$

아인슈타인의 특수상대성이론에는 과학을 통틀어서 가장 유명한 수식 중 하나가 포함되어 있어요. $E = mc^2$('이'는 엠시제곱)이라는 방정식이에요. 그런데 이 방정식은 도대체 무슨 *의미*일까요?

아인슈타인이 그다음에 한 일은…

특수상대성이론은 시간과 공간이 서로 다른 게 아니라 하나인 세계,
또한 시간과 공간 모두 변할 수 있는 세계로 물리학을 안내했어요.
아인슈타인 스스로도 이런 발상에 깜짝 놀랐는데, 이것이 물리학의 중요한 힘들 중에서도
특히 한 가지 힘과 어떤 관련이 있을지 궁금했어요. 그 힘은 바로 '중력'이에요.

200년 전 물리학자인 아이작 뉴턴은, 시간과 공간은 무대이며 우주의 모든 일은 그 무대 위에서 벌어진다고 설명했어요. 무대, 즉 시간과 공간은 변하지 않아요

나는 중력을 물체들 사이에서 끌어당기는 신비한 힘이라고 설명했어요. 나의 수학적인 연구는 중력이 물체에 어떻게 영향을 미치는지 잘 예측할 수 있었어요. 하지만 중력을 일으키는 것이 무엇인지는 설명하지 못했어요.

하지만 아인슈타인에게 시공간은
단순히 무대로만 남아 있지 않았어요.
아인슈타인은 시공간을
등장인물 중 하나로 보았어요.

이런 생각을 해 봤어요.
시공간이 휘어지고 변하는 것 때문에
중력이 만들어지는 것이라면 어떨까요?
중력이 눈에 보이지 않는 어떤 이상한 힘이 아니라…
그저 우주의 모양 그 자체라면요?

부우웅

아인슈타인은 바로 이 생각을 **'일반상대성이론'**이라고 불렀어요. 특수상대성이론과 마찬가지로 이 말도 아주 이상하게 들리지요. 하지만 그 뒤 많은 과학자가 실험으로 이 이론을 뒷받침했어요.

우주 구부리기

아인슈타인의 아이디어는 질량이 주위의 *시공간 구조를 휘어지게* 하기 때문에 중력이 생긴다는 것이었어요. 물체의 질량이 클수록 주위의 시공간이 더 많이 *휘어져* 중력이 *더 세져요*.

시공간을 우주 전체를 덮고 있는 거대한 천이라고 생각해 보세요.

천 위에 볼링공을 놓으면 공의 질량으로 천이 휘어져요.

천 위로 구슬을 굴려 봐요. 구슬의 경로는 볼링공에 가까워지면 휘어지기 시작해요.

아인슈타인의 설명!
아인슈타인이 하는 말을 들으려면 버튼을 누르세요.

어떤 힘이 구슬을 볼링공 쪽으로 당기는 것처럼 보이지만, 사실은 그저 천이 휘어져 있기 때문에 생기는 현상이에요.

볼링공이 태양이고 구슬이 지구라고 생각해 보세요. 태양은 아주 크기 때문에 시공간을 많이 휘어지게 해서 강력한 중력을 만들어요.

지구는 태양보다 질량이 작아서 중력이 약해요. 하지만 달이 지구 주위로 돌게 하기에는 충분해요.

이것은 물체가 왜 지구로 떨어지는지도 설명해요. 지구가 시공간을 구부리기 때문이에요.

시공간이라니, 정말 대단해.

별들의 이동

아인슈타인은 '일반상대성이론'을 설명하는 방정식을 수학적으로 아주 잘 만들어 냈어요. 하지만 그 이론을 확실한 것으로 받아들일 수 있으려면 실제 세계에서 증명을 해야 했지요.

일반상대성이론의 예측 중 하나는, 태양과 같이 정말로 무거운 것은 빛을 휘어지게 만든다는 것이었어요.

이런 현상을 **중력렌즈**라고 해요. 다시 한번 아인슈타인의 이론대로 움직인다는 것이 관측된 거예요.

빛 구부리기와 시간 늦추기

물리학의 핵심적인 생각 중 하나는, 우주를 설명하는 서로 다른 이론들을 합칠 수 있다는 거예요. 이것을 **이론의 통합**이라고 불러요. 이 생각에 따르면, 이론들이 제대로 합쳐지지 않으면 그중 하나는 틀렸다는 뜻이 되지요.

물리학자들은 아인슈타인 이론 중 한 부분을 증명했어요. 물체의 질량이 빛을 휘어지게 한다는 부분이었어요. 하지만 특수상대성이론과 일반상대성이론이 *함께* 적용되려면, *시간*에 대해 다시 생각해야만 했어요.

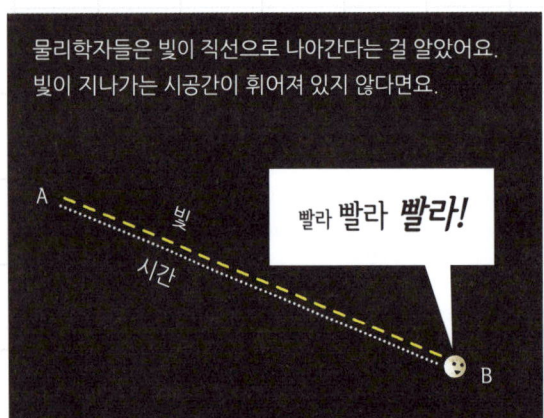

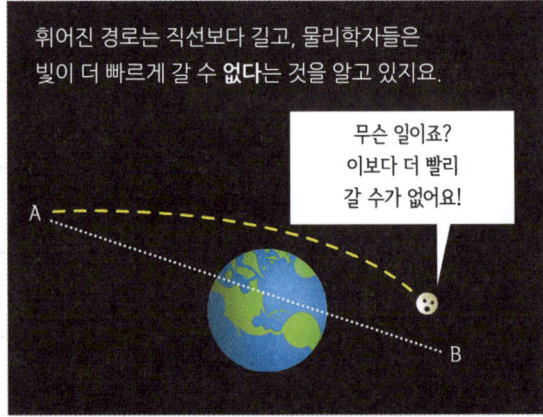

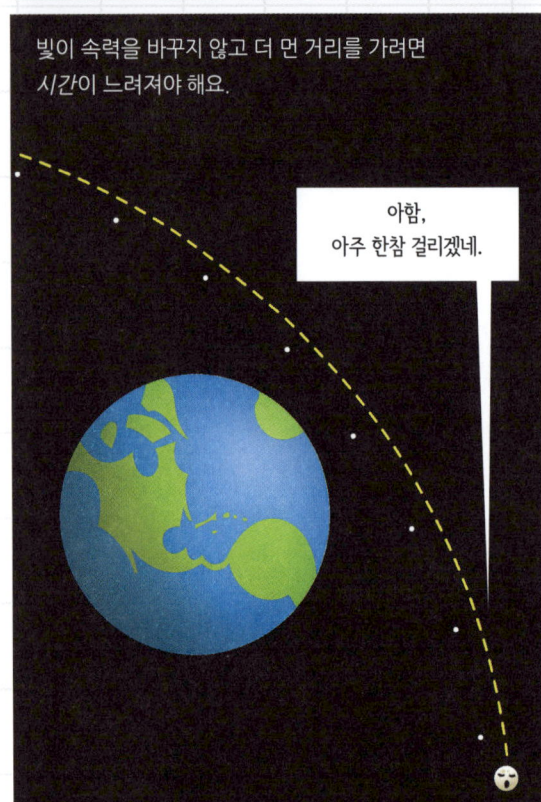

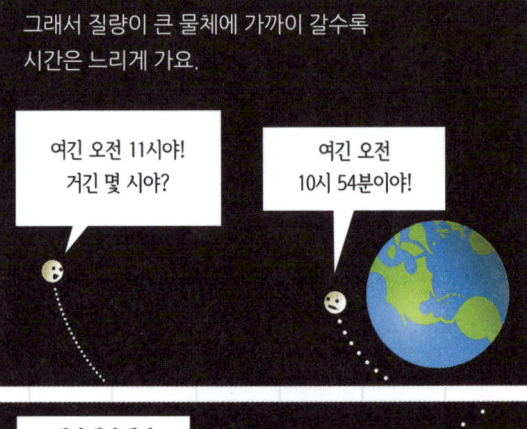

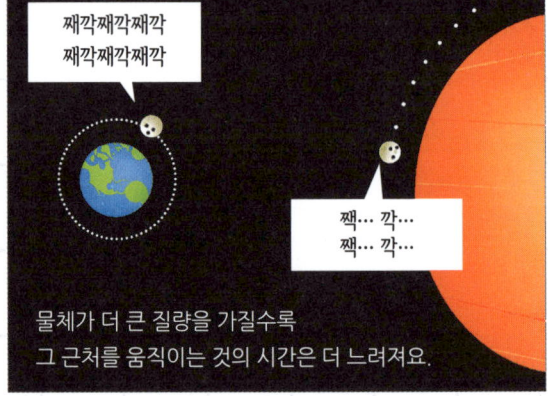

잠깐만요, 그렇다면 높은 산 위는 시간이 더 빠르게 흐른다는 말이에요? 바닥(질량 덩어리)에서 멀어졌으니까요.

맞아! 하지만 *아주 쪼끔*이니까, 신경 안 써도 돼. 하지만 더 높이 올라간 우주에서라면 문제가 되기 시작하지.

차량 자동 항법 장치, 즉 내비게이션은 'GPS'라고 하는, 지구를 둘러싸고 있는 위성들의 네트워크를 이용해요. 위성들은 지상에 있는 자동차에게 지금 차량이 있는 곳과 어떤 길로 가야 하는지 알려 줘요. 그런데 위성들은 아주 높이 떠 있기 때문에 함께 통신을 주고받아야 하는 지구의 컴퓨터들보다 중력이 더 작아요.

지상에 있는 저 자동차는 2분 후에 좌회전을 해야 해. 운전자에게 알려 줘야지.

그런데 이 위의 시간은 자동차의 시간보다 하루에 38마이크로초 *더 빨라*.

그러니까 난 매일 시계를 다시 맞춰야 해…

…그래야 내 예측이 지상에서 일어나는 일과 시간이 맞을 거야.

2분 후 갈림길에서 좌회전하세요.

중력파

일반상대성이론의 예측에 따르면, 어떤 우주적인 사건은
시공간으로 중력의 물결을 보낸다고 해요.
이것을 **중력파**라고 하는데, 100년 동안 이론으로만 남아 있었어요.
그러다가 실험으로 일반상대성이론의 예측이 또다시 맞았다는 것이 증명되었어요.

호수에 던진 돌처럼,
먼 우주에서 일어나는 거대한 규모의 사건은
시공간으로 물결을 보내요.

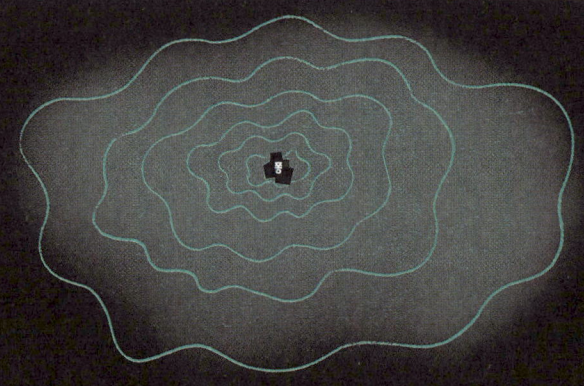

이 파동들은 사건 근처에서 가장 강하고, 퍼져 나갈수록 약해져요.
지구에서 이것을 감지하는 것은 어려워요.
지금까지 이런 사건들은 아주아주 먼 곳에서 일어났기 때문이에요.

 잠깐만요, 어떤 종류의 사건을 말하는 거예요?

 이론적으로는 어떤 종류의 사건이라도 될 수 있어요. 하지만 실제로는 정말로 아주 강한 물결을 만들어 내는 사건을 말하는 거예요.

거대한 별(거대 항성)이 폭발하면서 죽어 가는 초신성은 어떨까요? 혹은 두 블랙홀이 충돌하는 일처럼 정말 보기 힘든 사건일 수도 있어요.

2002년에 미국에서는 정확하게 그러한 충돌을 관측하기 위한 실험을 준비했어요.
특히 충돌의 결과로서 만들어진 중력파를 지구에서 감지할 수 있는지 보기 위한 실험이었어요.
그 실험을 한 팀에서 무엇을 발견했는지 알아보세요.

자, 간다.  얼마든지.

시공간의 물결 관측하기

그 실험은 'LIGO'라는 관측소에서 수행했어요. 이 관측소는 지구의 시공간에 생긴 작은 변화, 특히 중력파 때문에 나타나는 변화를 찾기 위한 시설을 갖추고 있어요.
두 쌍의 거울 사이의 거리를 측정해서 어떤 변화가 있는지 알아내는 시설이에요.

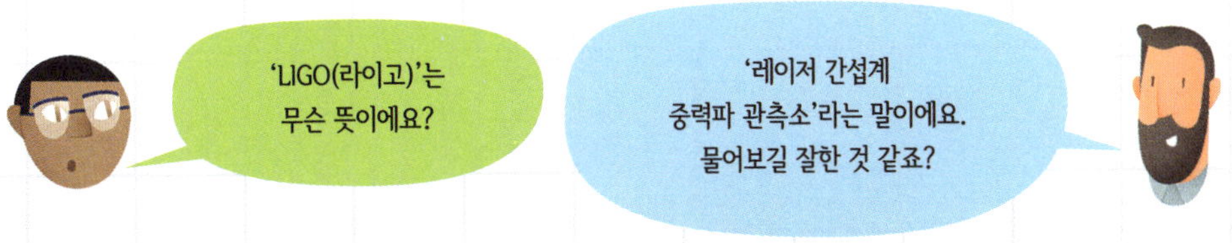

'LIGO(라이고)'는 무슨 뜻이에요?

'레이저 간섭계 중력파 관측소'라는 말이에요. 물어보길 잘한 것 같죠?

이 시설은 빛이 지나다니는 4킬로미터 길이의 팔 두 개로 이루어져 있어요.
빛으로 두 쌍의 거울 사이의 거리를 측정해요.
거울이 아주 살짝만 움직여도 관측소에서는 이를 감지할 수 있어요.

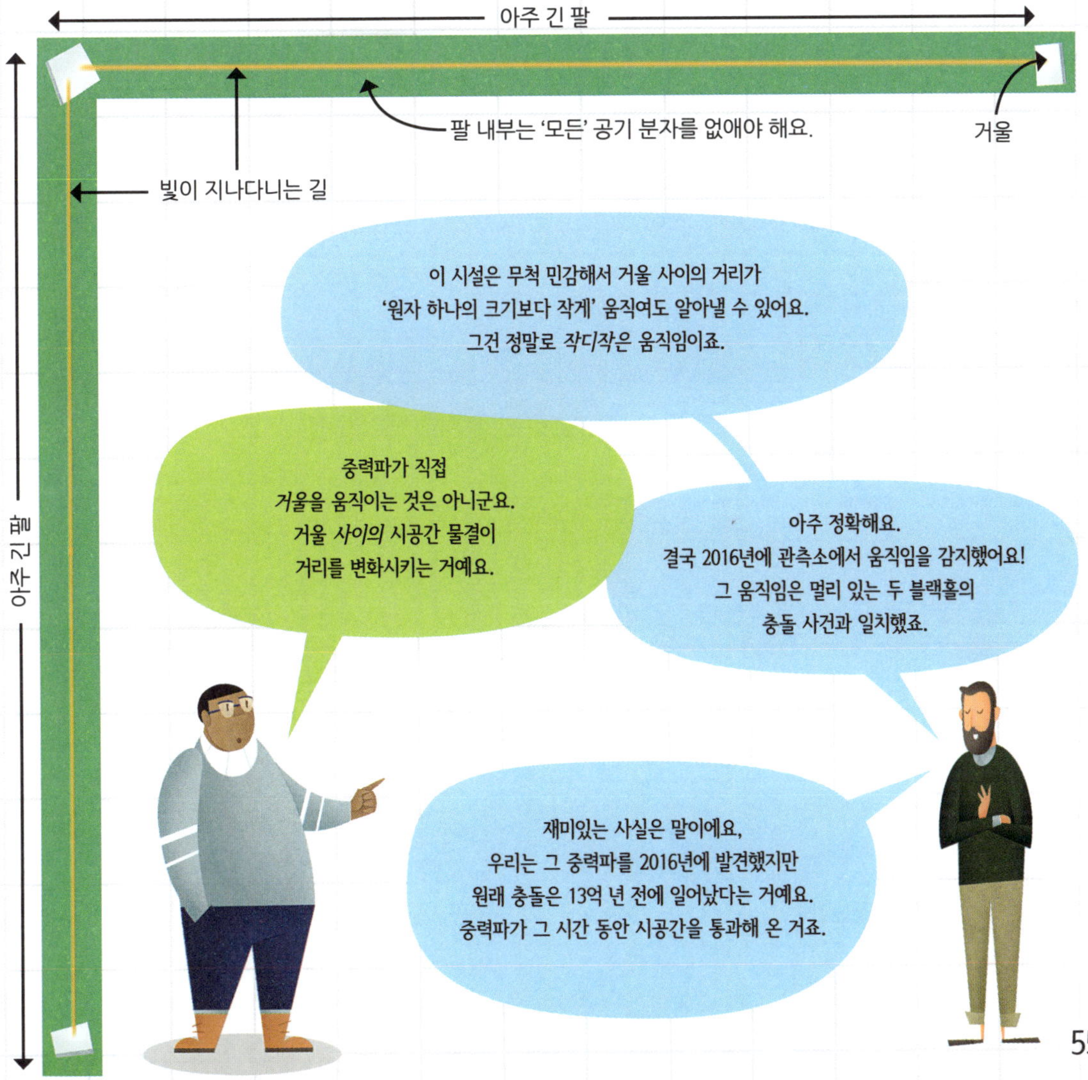

아주 긴 팔

팔 내부는 '모든' 공기 분자를 없애야 해요.

거울

빛이 지나다니는 길

이 시설은 무척 민감해서 거울 사이의 거리가 '원자 하나의 크기보다 작게' 움직여도 알아낼 수 있어요. 그건 정말로 *작디작*은 움직임이죠.

중력파가 직접 거울을 움직이는 것은 아니군요. 거울 *사이*의 시공간 물결이 거리를 변화시키는 거예요.

아주 정확해요. 결국 2016년에 관측소에서 움직임을 감지했어요! 그 움직임은 멀리 있는 두 블랙홀의 충돌 사건과 일치했죠.

재미있는 사실은 말이에요, 우리는 그 중력파를 2016년에 발견했지만 원래 충돌은 13억 년 전에 일어났다는 거예요. 중력파가 그 시간 동안 시공간을 통과해 온 거죠.

아주 긴 팔

원자는 무엇으로
이루어져 있을까요?

'원자를 이루고 있는 것'을
이루고 있는 것은
무엇일까요?

원자력은 좋은 것일까요,
나쁜 것일까요?

왜 어떤 것은
방사능을 가질까요?

제4장
핵물리학과 입자물리학

> 인생에서 아무것도 두려워할 필요는 없어요.
> 다만 이해해야 할 것만 있을 뿐이죠.
> 이제 좀 더 많이 이해해서
> 좀 덜 두려워할 때가 되었어요.

마리 퀴리

100여 년 전에 **방사능**이라고 하는, 일부 원자들이 가진 성질이 새롭게 발견되었어요. 다른 모든 물리학자와 마찬가지로 마리 퀴리는 깊은 호기심을 가지고 왜 이런 현상이 나타나는지 이해하려고 했어요.

퀴리를 비롯해 여러 물리학자가 같은 시기에 연구를 했고, 곧 원자에는 모든 사람이 짐작하던 것보다 더 많은 것이 있다는 사실이 밝혀졌어요. 물리학자들은 원자를 구성하는, 즉 사실상 우주를 구성하는 **입자**들의 숨은 세계를 밝혀내기 시작했어요.

이러한 원자와 입자가 어떻게 상호 작용하는지 연구하는 학문을 **핵물리학, 입자물리학**이라고 해요.

원자의 내부

원자를 생각할 때, 서로 달라붙어서 물질을 이루고 있는 작은 공 모양을 떠올리기 쉬워요. 하지만 실제로는 그렇지 않아요. 원자는 두 부분으로 나눌 수 있는데, 바깥쪽이 있고 **핵**이라고 부르는 안쪽이 있어요. 그 사이에는 넓은 빈 공간이 있어요.

눈에 보이지 않는 태양계

원자의 핵은 두 종류의 입자로 이루어져 있어요. **양성자**와 **중성자**예요. 이 핵의 주위를 **전자**라고 하는 다른 입자들이 돌고 있어요. 행성들이 태양 주위를 도는 것과 비슷해요.

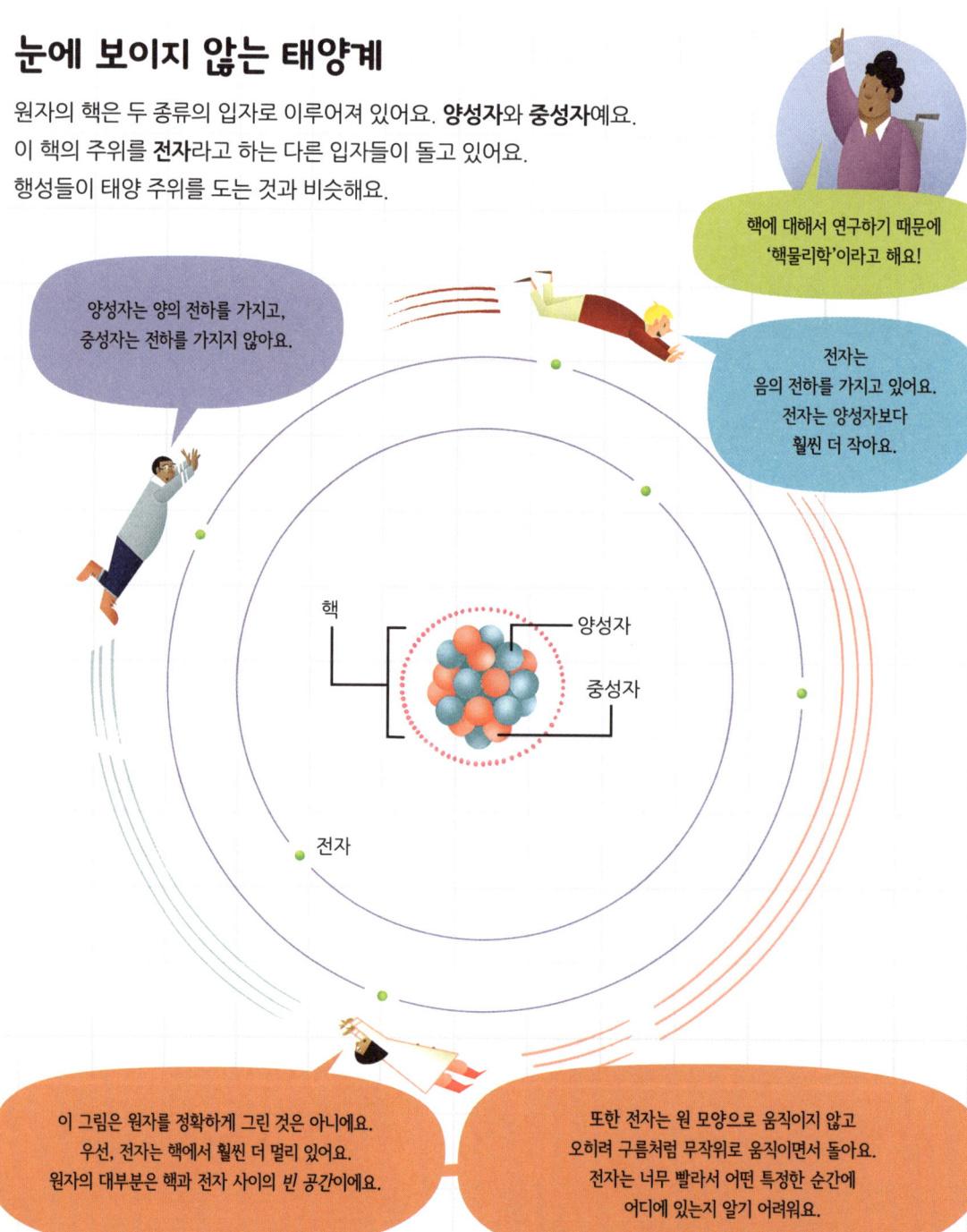

핵에 대해서 연구하기 때문에 '핵물리학'이라고 해요!

양성자는 양의 전하를 가지고, 중성자는 전하를 가지지 않아요.

전자는 음의 전하를 가지고 있어요. 전자는 양성자보다 훨씬 더 작아요.

이 그림은 원자를 정확하게 그린 것은 아니에요. 우선, 전자는 핵에서 훨씬 더 멀리 있어요. 원자의 대부분은 핵과 전자 사이의 빈 공간이에요.

또한 전자는 원 모양으로 움직이지 않고 오히려 구름처럼 무작위로 움직이면서 돌아요. 전자는 너무 빨라서 어떤 특정한 순간에 어디에 있는지 알기 어려워요.

힘들의 전쟁

태양 주위를 도는 행성과 달리 전자는 중력 때문에 핵으로 끌리지는 않아요.
*음의 전하*를 가진 전자가 *양의 전하*를 가진 양성자에게 끌리는 것은 **전자기력** 때문이에요.
전자기력은 또한 양성자들끼리 서로 밀어내게 만들어요. 양성자는 모두 같은 전하를 가지기 때문이지요.
하지만 바로 이 지점에서 *새로운* 힘이 개입해요. **강한 핵력**이라고 부르는 거예요.

일상 세계에서 전자기력은
같은 전하를 가진 것끼리 서로 밀어내게 해요.

양의 입자 두 개를 서로 밀어서 붙이는 것은
같은 극의 두 자석을 서로 밀어서
붙이는 것과 같아요(35쪽을 보세요).

강한 핵력은 전자기력보다 훨씬 더 강력해요.
하지만 강한 핵력은 아주 짧은 거리인
핵의 내부에서만 작용해요.

전자기력은 더 약하긴 하지만
전 우주를 가로질러 뻗어 나가요.

강한 핵력은 점선 안에서만
작용하는 반면…

…그 바깥에서는
전자기력이 더 우세해요.

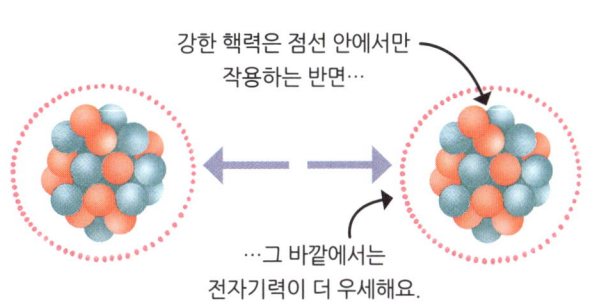

이것은 두 자석에 아주 강력한 풀이 발라져 있는 것과 비슷해요.
자석의 같은 극을 밀어서 붙이려면 애를 많이 써야 해요. 하지만 일단 붙이고 나면 붙은 채로 있을 거예요.

핵 쪼개기

강한 핵력은 진짜 *강해요*. 많은 에너지를 써서 원자의 핵이 뭉쳐져 있도록 하지요. 원자핵은 쪼개질 수도 있는데 그때 엄청난 양의 에너지를 방출해요. 이 에너지는 우리 생활에 에너지를 공급해 줄 수도 있고, 세계를 파괴할 수도 있어요. 하지만 **핵분열**이라고 부르는 이 과정은 쉽게 일어나지 않아요.

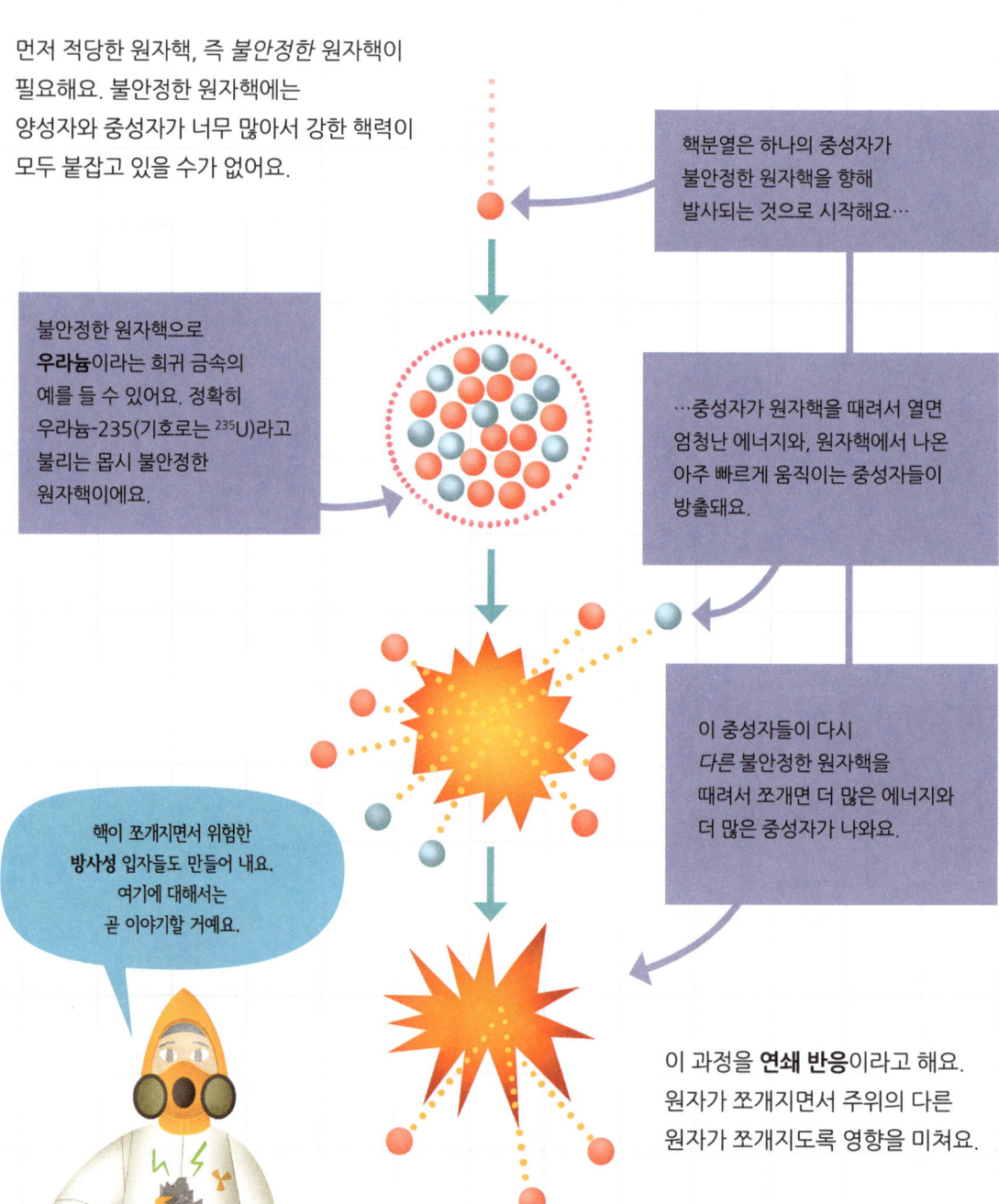

먼저 적당한 원자핵, 즉 *불안정한* 원자핵이 필요해요. 불안정한 원자핵에는 양성자와 중성자가 너무 많아서 강한 핵력이 모두 붙잡고 있을 수가 없어요.

핵분열은 하나의 중성자가 불안정한 원자핵을 향해 발사되는 것으로 시작해요…

불안정한 원자핵으로 **우라늄**이라는 희귀 금속의 예를 들 수 있어요. 정확히 우라늄-235(기호로는 ^{235}U)라고 불리는 몹시 불안정한 원자핵이에요.

…중성자가 원자핵을 때려서 열면 엄청난 에너지와, 원자핵에서 나온 아주 빠르게 움직이는 중성자들이 방출돼요.

이 중성자들이 다시 *다른* 불안정한 원자핵을 때려서 쪼개면 더 많은 에너지와 더 많은 중성자가 나와요.

핵이 쪼개지면서 위험한 **방사성** 입자들도 만들어 내요. 여기에 대해서는 곧 이야기할 거예요.

이 과정을 **연쇄 반응**이라고 해요. 원자가 쪼개지면서 주위의 다른 원자가 쪼개지도록 영향을 미쳐요.

큰 힘에는…

핵분열은 원자력 발전소에서 전기를 만들어 내는 데 사용돼요.

연쇄 반응을 아주 조심스럽게 통제해요.

그 에너지로 엄청난 양의 물을 끓여요.

끓는 물에서 나온 증기가 전기를 만들어 내는 터빈을 돌려요.

원자력 에너지는 공기를 오염시키는 석탄이나 석유를 태우지는 않지만…

…엄청나게 위험한 방사성 폐기물을 만들어 내요. 이런 폐기물에 가까이 가면 사람이나 동물, 식물에 암이 생길 수 있어요.

방사성 폐기물은 주로 거대한 철이나 콘크리트 통에 아주 조심스럽게 보관해야 해요. 수천 년 동안 위험한 상태가 지속될 수도 있어요.

…큰 책임이 따라요

불행히도 핵분열은 엄청난 피해를 일으키기도 해요.

1980년대에 우크라이나 체르노빌에 있는 원자력 발전소의 노심*이 **용해**되었어요.

*노심: 원자로에서 핵분열이 일어나는 곳.

용해란 녹아 내렸다는 뜻이에요. 노심 용해는 연쇄 반응이 통제할 수 없게 된 상태로, 발전소는 폭발 위험에 놓여요.

체르노빌 주위의 모든 지역을 비워야 했고, 지금까지도 방문 위험 지역으로 남아 있어요.

1940년대에 미국의 과학자들이 핵분열을 이용하는 **원자 폭탄**을 개발했어요.

제2차 세계대전이 끝날 무렵, 원자 폭탄이 일본의 도시 두 곳을 파괴하는 데 사용되었어요.

원자 폭탄은 엄청난 파괴를 일으킬 뿐만 아니라 그 뒤로도 오랫동안 공기와 토양을 오염시켜요. 많은 나라가 전쟁에 원자 폭탄을 사용하는 것을 불법으로 하기로 뜻을 모았어요.

방사능

원자는 안정적인 상태로 있기 위해서 최대한 작은 에너지를 가지려고 해요.
그러려면 원자핵의 양성자와 중성자 사이에 균형이 맞아야 해요.
균형이 맞지 않는 원자는 **방사성 붕괴**라는 과정을 거쳐 변해요.

방사성 붕괴의 종류

방사성 붕괴는 **약한 핵력** 때문에 일어나요. 약한 핵력은 주로 양성자와 중성자에 영향을 주는 힘이에요. 불안정한 원소일 때 여러 가지 방법으로 에너지를 잃게 해서 안정화시키는 거지요.
그중 두 가지 방법을 살펴보아요.

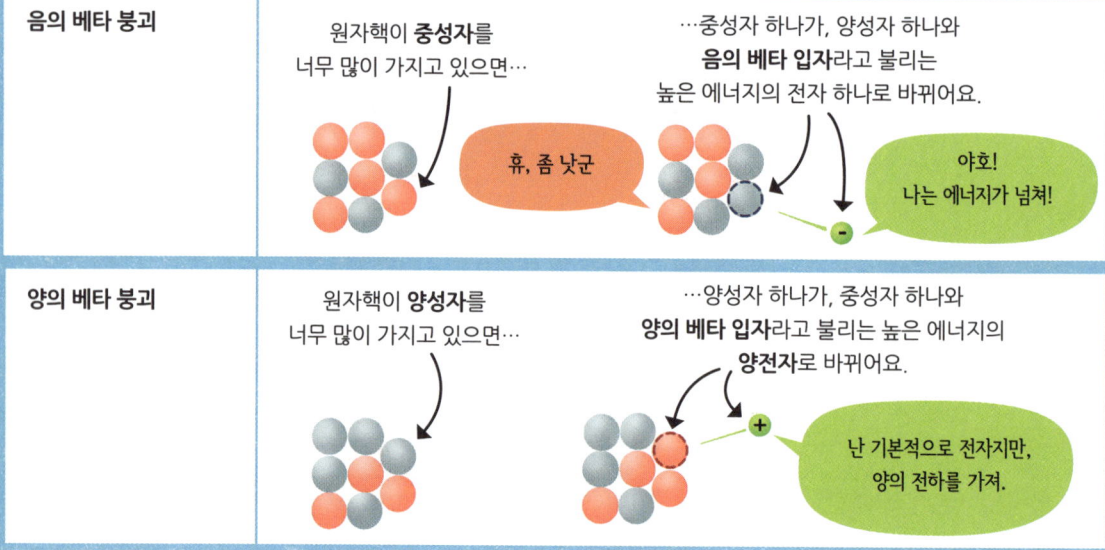

베타 입자들은 **방사선**이라고 불리는 것 중 하나인데 위험할 수도 있어요. 이러한 베타 붕괴는 또한 해롭지 않은 방사선인 **중성미자**라는 입자를 만들어요.

위험한 발견

방사능이라는 용어는 물리학자인 마리 퀴리가 처음 사용했어요. 마리 퀴리는 방사선이 원자 *안에* 있는 뭔가에서 나온다는 것을 알아냈어요. 퀴리는 세계 최초로 노벨상 두 개를 받았고, 핵물리학 지식을 크게 발전시켰어요. 하지만 방사능에 대한 연구는 결국 마리 퀴리가 죽게 되는 원인이 되었어요.

방사선은 우리에게 이로울까요, 위험할까요?

방사선에 노출되는 것은 생명을 위협할 수도 있지만, 한편으로 방사능은 완벽하게 자연스러운(게다가 중요한) 과정이에요. 또한 좋은 목적으로 사용될 수도 있어요.

방사선은 생명을 가능하게 만들어요. 태양에서는 방사선(태양복사)이 나와서 빛나요. 우리 몸에 손상을 줄 만큼 많은 에너지를 가지지 않은 방사성 입자들은 언제나 우리 주위에 있어요.

하지만 *많은* 에너지를 가진 방사성 입자들은 대규모 죽음과 파괴를 일으킬 수 있어요. 방사선이 좋은지 나쁜지를 가르는 것은 불가능해요.

방사능이 이로운 경우

엑스선은 병원에서 부러진 뼈를 찾는 데 사용되는 방사선이에요.

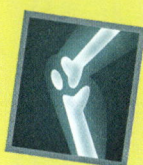

의사들은 추적이 가능한 소량의 방사성 물질을 이용해 혈관이 막히거나 손상을 입은 곳을 찾아낼 수 있어요.

방사선의 원천은 오래 지속되는 경우가 많아요. 그래서 특히 배터리 교환이 불가능한 우주에 있는 인공위성이나 우주 탐사선의 연료로 사용돼요.

방사성 원자는 일정한 비율로 붕괴해요. 이 말은 곧, 과학자들이 어떤 물체 속에 있는 원자가 지금까지 얼마나 많이 붕괴했는지 측정할 수 있다는 뜻이에요. 이런 방법으로 과학자들은 그 물체가 얼마나 오래되었는지 알아내요. 심지어 *수백만* 년이 넘은 것이라 해도요.

원자력은 방사능을 이용해 지구 온난화를 일으키지 않는 에너지를 만들어요.

방사능이 위험한 경우

많은 양의 방사선에 한 번에 노출되거나 적은 양이라도 오래 노출되면 치명적인 방사성 질환이나 암에 걸릴 수 있어요.

방사성 물질은 생명을 위협하는 방사선을 수백만 년 동안 방출할 수도 있고, 방사선은 아주 단단하지 않은 물질은 대부분 통과할 수 있어요. 그래서 방사선 물질들을 안전하게 보관하는 것은 어렵고 비용이 많이 들어요.

방사성 화합물들을 이용해 지금까지 만들어진 어떤 무기보다 가장 파괴적인 핵무기를 만들 수도 있어요.

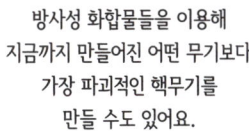

원자력 발전소가 붕괴한다면 방출된 방사선이 수백만 년 동안 그 주위를 죽음의 땅으로 만들 거예요.

세상에서 가장 작은 것

물리학자들은 우주를 구성하는 가장 작은 것 또는 '구성 요소'를 찾고자 노력해 왔어요. 그 결과 심지어 양성자와 중성자도 그보다 *더 작은* 입자들로 이루어졌다는 것이 밝혀졌어요.

양성자 자세히 들여다보기

물리학자들은 1911년 원자핵이 발견된 뒤부터 더 작은 입자들에 대해 계속 토론해 왔어요. **최초의 충돌기(입자 가속기)**는 1970년대에야 만들어졌어요. 이 기계는 물리학자들이 양성자와 중성자를 쪼개서 그 안에 있는 것을 발견할 수 있게 해 주었어요.

충돌기는 지하에 만들어요. 충돌기는 강력한 자석과 전기를 이용해 입자들을 거의 빛의 속력으로 움직이게 만들어요.

양성자들이 고리 안을 돌면서 점점 빨라져요.

입자들이 최고 속력에 도달하면 입자들은 쪼개질 수 있을 정도의 힘으로 서로 충돌해요.

길이 30킬로미터

물리학자들은 입자들이 쪼개지고 남은 것을 연구해, 입자들이 다시 *더 작은* 입자들로 이루어져 있는지, 혹은 그 과정에서 새로운 입자들이 만들어졌는지 조사해요.

과학자들이 이런 충돌기를 이용해 찾아보니, 양성자와 중성자는 겨우 시작일 뿐이었어요.

입자 동물원

충돌기는 금방 수많은 새로운 입자들을 드러냈어요. 마침내 물리학자들은 이 입자들을 분류하는 체계를 개발했는데, 이것이 **'표준 모형'**이에요. 물리학자들은 더 작은 구성 요소가 없는 것처럼 보이는 입자들을 발견해 이들을 **기본 입자**라고 불렀어요.

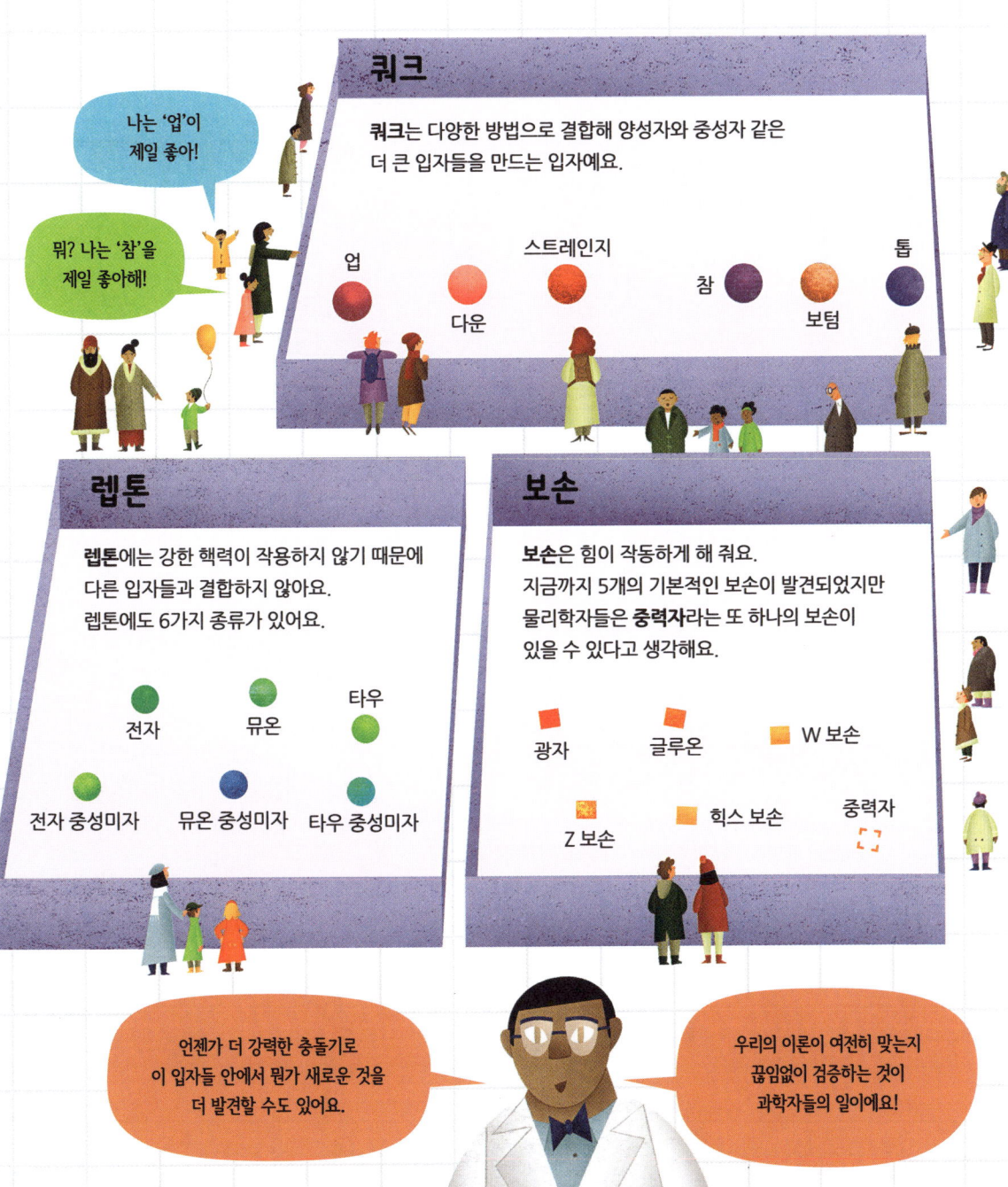

크기 가늠하기

우리가 얼마나 작은 크기를 다루고 있는지 믿기지 않을 거예요.
원자 하나는 지름이 약 0.5나노미터*예요. 모래알 하나를 예로 들어 보죠.
모래알 하나에는 약 *4천3백경* 개의 원자가 들어 있어요.

*1나노미터는 십억분의 1미터.

4천3백경?

43,000,000,000,000,000,000개야.

겨우 모래알 하나에.

그리고 원자는 대부분 텅 비어 있다고 했지요.
양의 원자핵과 음의 전자구름 사이 공간이 원자 크기의 대부분을 차지해요.

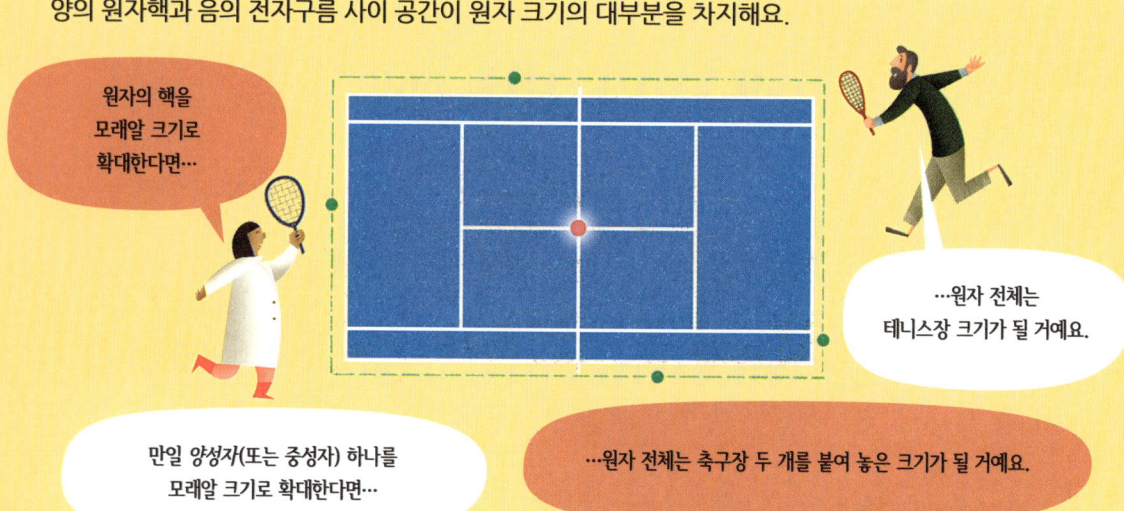

원자의 핵을 모래알 크기로 확대한다면…

…원자 전체는 테니스장 크기가 될 거예요.

만일 양성자(또는 중성자) 하나를 모래알 크기로 확대한다면…

…원자 전체는 축구장 두 개를 붙여 놓은 크기가 될 거예요.

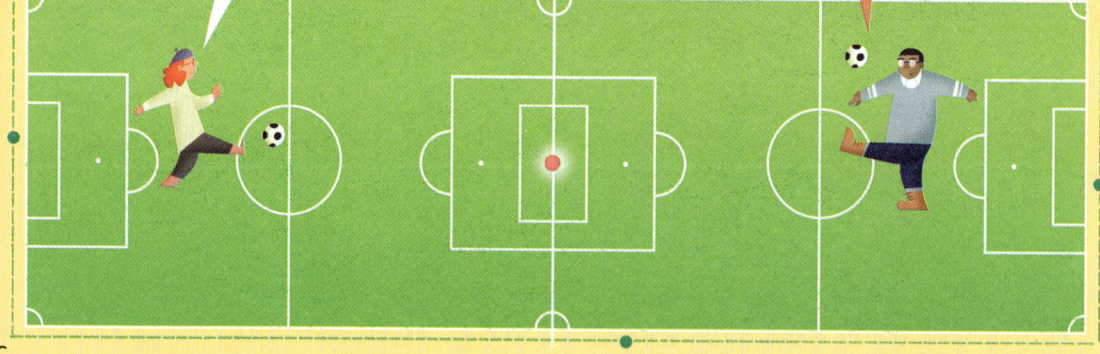

기본 입자 알아보기

표준 모형의 기본 입자들은 원자 하나보다 *1억 배* 더 작아요.

쿼크가 모래알 크기라면 원자 전체는 영국의 수도 런던보다 10배 더 클 거예요.

기본 입자들은 너무나 작기 때문에 크기를 측정하는 것은 불가능하고,
심지어 가장 강력한 현미경으로도 볼 수가 없어요.
하지만 기본 입자는 물리학자들이 측정할 수 있는 성질들을 가지고 있어요.

질량 - 입자가 얼마나 무거운가

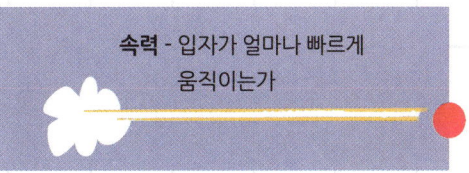

속력 - 입자가 얼마나 빠르게 움직이는가

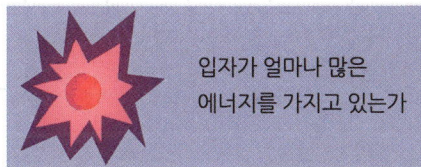

입자가 얼마나 많은 에너지를 가지고 있는가

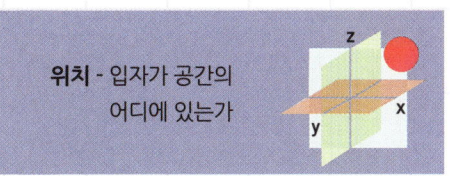

위치 - 입자가 공간의 어디에 있는가

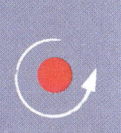

스핀 - 입자가 자기장 안에서 어떻게 움직이는지에 영향을 주는 성질

전하량 - 얼마만큼의 양의 전하 또는 음의 전하를 가지고 있는가

이상한 것은, 이 성질들 중 하나를 측정하면 다른 것은 측정할 수 없다는 거예요.
양자역학의 이상한 규칙 중 하나지요.
여기에 대해서는 75쪽부터 시작하는 제5장에서 알아보아요.

아원자 상호 작용

그렇다면 이 모든 입자는 실제로 무엇을 할까요?
가장 단순한 답은 이들이 서로 **상호 작용**을 한다는 거예요.
별로 대단하게 들리지 않겠지만, 이 상호 작용들이 우주에 있는
모든 물질, 힘, 에너지를 만들어 내요.

여기 쿼크와 글루온의 예를 보세요. 쿼크와 글루온이 상호 작용해서 양성자와 중성자를 만들어요.
그리고 이들은 강한 핵력을 일으키기도 해요.

하나의 양성자와 중성자는 각각 3개의 **쿼크**로 이루어져 있어요. 이 쿼크들은 **글루온**이라는 입자를 서로 주고받기 때문에 자기 자리를 지키고 있어요. 쿼크는 다른 쿼크가 던진 글루온을 '잡고' 다음 쿼크에게 '던져요'. 이러한 잡기 게임은 쿼크들을 서로 끌어당겨서 양성자나 중성자를 이루고 있도록 만들어요.

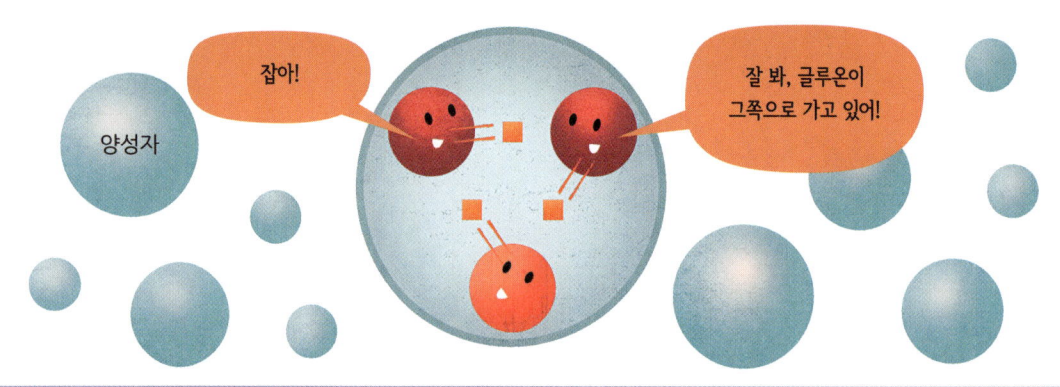

글루온은 양성자와 중성자 안의 작은 공간에서만 존재할 수 있어요. 그러는 동안 양성자와 중성자는 쿼크의 묶음들을 서로 주고받고, 결국 이와 같은 더 큰 입자들을 결합시켜 원자핵을 만들어요.

이런 상호 작용들은 모든 원자에서 거의 빛의 속도로 항상 일어나고 있어요.
이 상호 작용의 힘이 핵을 아주 강력하게 묶어 주고 있는데,
그런 까닭에 과학자들은 이 상호 작용을 *강한 핵력*이라고 불러요.
이런 일이 *왜* 일어나는지 설명할 수는 없지만 어쨌든 일어나요.

전자기력의 비밀

어떤 쿼크와 렙톤은 전하를 가져요. 쿼크와 렙톤들이 **가상 입자**를 서로 주고받기 때문에 생기는 거예요. 가상 입자는 평범한 입자와 같지만 아주 짧은 시간 동안만 존재해요. 그런데 이것이 전자기력의 숨은 비밀이에요.

두 전자와 같이 두 입자가 같은 전하를 가지면 이들은 **가상 광자**를 계속해서 서로 주고받아요. 그러면 서로를 밀어내게 되지요.

양성자와 전자처럼 두 입자가 반대의 전하를 가지면, 한쪽만 다른 하나에게 가상 광자를 줘요. 그러면 서로를 끌어당기게 돼요.

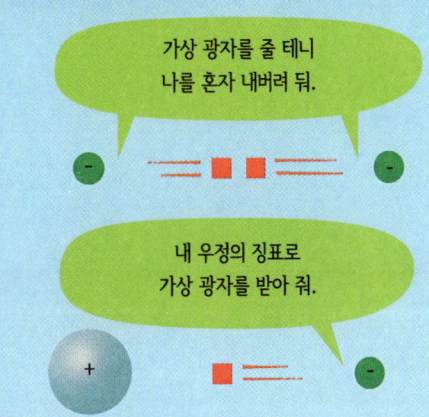

가상 광자의 교환은 전자가 원자핵 주위를 계속 돌게 해요. 또한 원자들이 모여 물체를 만들 수 있게 해 줘요. 이 책이나 여러분도 같은 원리로 지금의 형태가 만들어져 있는 거지요.

보손 만들기

양성자와 중성자가 방사성 붕괴가 일어나는 동안 변화하면 이들이 잃어버리는 에너지가 **W 보손**이라는 입자로 빠져나와요. 이것은 물리학자들이 **약한 핵력**이라고 부르는 힘 때문에 일어나는 현상이에요.

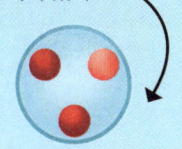

양성자는 두 개의 업 쿼크와 한 개의 다운 쿼크로 이루어져 있어요.

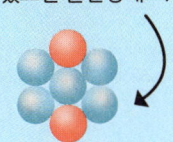

원자핵이 너무 *많은* 양성자를 가지고 있으면 불안정해요.

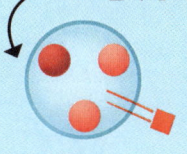

쿼크 중 하나가 업 쿼크에서 다운 쿼크로 바뀌어요. 그러면서 W 보손의 형태로 에너지를 잃어요.

양성자가 중성자가 되면서 원자핵이 안정돼요. W 보손은 **베타 입자**가 돼요. (62쪽을 보세요.)

이것은 입자들이 상호 작용하여 우리가 알고 있는 세계를 만드는 주요 방법들 중 일부일 뿐이에요.

이건 이론일 뿐이에요

입자의 표준 모형은 *역사적으로 가장* 성공한 과학 이론 중 하나예요.
지금까지는 새로운 입자나 입자들 사이의 상호 작용에 대한
표준 모형 이론의 예측들이 계속해서 전부 자연에서 발견되었어요.
그중 한 가지 성공적인 예가 **질량**과 관련된 거예요.

광자가 본질적으로 쿼크와 같은 크기를 가진다면, 왜 광자의 질량이 더 작을까요?

질량이란 건 어디에서 생기는 거죠?

모든 입자가 뭔가의 작용을 받는데, 어떤 입자는 더 많은 작용을 받는 것은 아닐까요?

표준 모형에 우리가 전에는 보지 못했던 뭔가가 있어요!

장(마당) 속에서 움직이기

물리학 문제의 답은 그림으로 표현하기 어려운 아이디어가 필요할 때가 종종 있어요.
모든 힘은 기본 입자 중 하나를 이용해 작용하는데, 물리학자들은 이 입자들이 **장** 속에서 움직인다고
설명해요. 이 장들은 각 힘에 따라 저마다 독특해요. 다음과 같이 그려 볼 수 있어요.

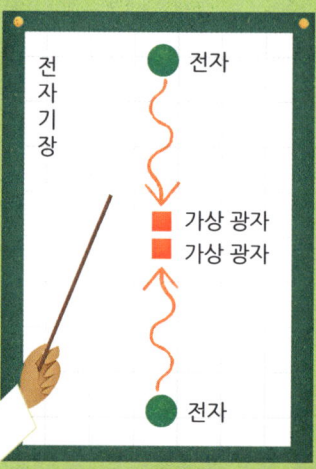

전자기장 / 전자 / 가상 광자 / 가상 광자 / 전자

말하는 것과 비슷해요. 말은 입자이지만 소리가 이동하는 공기는 장이에요.

전자기장은 여러분이 보거나 느낄 수 없지만 우주 전체에 걸쳐 펼쳐져 있어요.

여기 두 전자가 상호 작용을 하고 있어요. 전자들은 가상 광자를 방출하고 있죠.

광자는 전자기장을 따라 이동해요.

광자는 장을 따라서만 이동할 수 있어요. 광자는 전자기력의 지배를 받기 때문이에요.

모든 입자와 상호 작용해 입자들에게 질량을 주는 장이 있다면 어떨까요?

70

힉스 보손

1964년 물리학자들은 모든 입자와 상호 작용하고, 상호 작용의 정도에 따라 입자들에게 다른 질량을 제공하는 장이 있다는 의견을 냈어요. 이런 예측을 한 물리학자들 중 한 명의 이름을 따 이것을 **힉스장**이라고 불렀어요.

힉스장은 공을 굴리고 있는 눈 쌓인 들판이라고 생각할 수 있어요.

이상하게 들리겠지만 일단 나를 믿어 보세요.

볼링공은 가라앉아 빠르게 구르지 못해요. 볼링공은 장과 강하게 상호 작용해 큰 질량을 가지는 거예요.

반면에 탁구공은 거의 상호 작용을 하지 않아요. 탁구공은 표면을 따라 빠르게 이동할 수 있어요. 이건 작은 질량을 가져요.

힉스

철퍼덕

피잉

힉스장 아이디어는 표준 모형의 다양한 질량에 대해 품었던 의문을 설명해 주었어요. 하지만 장은 보이지 않고 관측할 수도 없기 때문에, 물리학자들이 이것을 증명하려면 장을 작동하게 하는 입자에 대한 증거가 필요했어요. 그 입자가 바로 **힉스 보손**이에요.

1
으으으
쿵

힉스 보손을 만들어 낸다는 것은 그 어느 때보다도 높은 에너지로 입자들을 충돌시킨다는 것을 의미해요.

2 2008년 9월 스위스에서 과학자들은 바로 이 일을 하기 위해서 지금까지 만들어진 것 중 가장 강력한 입자 가속기인 '거대 강입자 충돌기'를 작동시켰어요.

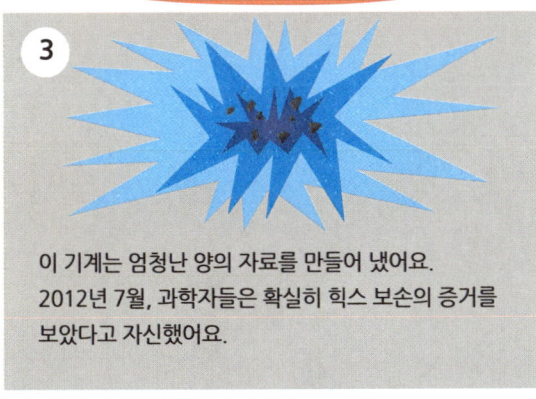

3
이 기계는 엄청난 양의 자료를 만들어 냈어요. 2012년 7월, 과학자들은 확실히 힉스 보손의 증거를 보았다고 자신했어요.

4 힉스 보손을 찾아낸 것은 표준 모형을 더 강하게 지지했고, 표준 모형을 과학 이론의 챔피언으로 만들었어요.

하지만 아직도 틀릴 가능성은 있어요. 아니면, 적어도 이게 전부는 아닐지도 몰라요.

다시 큰 것으로 돌아가서

4장에 나온 모든 입자는 여러 가지 방식으로 결합해 우리 주위의 '모든 것'을 만들어 내요.
이 입자들이 만들어 내는 가장 큰 것 중 하나가 별이에요.
사실 별은 엄청나게 커서 안에 있는 원자들을 눌러서 융합시켜요.
이 과정을 **'핵융합'**이라고 해요.

모든 별은 하나의 양성자를 가진
수소 원자로 가득 차 있어요.

별 내부의 **엄청난 온도**는
양성자들에게 많은 에너지를 주어서
양성자들이 어마어마하게 **빠르게 움직이게** 해 줘요.

뜨거워, 뜨거워!

이봐, 나 여기로 들어가!

휘잉!

별의 핵은 압력도 엄청나게 높아요.
작은 공간에 엄청난 수의 양성자가
모여 있어요.

난 너무 빨라!

충돌 대비!

뻥!

좁은 공간에서 엄청난 에너지를 가진 양성자들이 충돌하기 시작해요.
이 충돌은 강한 핵력이 양성자를 더 큰 원자로 융합시키기에
충분한 에너지를 만들어요.

일단 양성자들이 융합되면 약한 핵력이 그중 일부를 중성자로 바꾸어 안정된 원자핵을 만들어요.

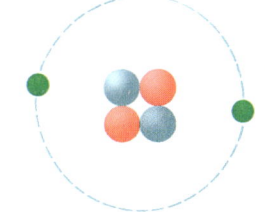

그런 다음 별은 작은 원자들을 융합해 새로운 원자들을 만들어요

핵융합 과정은 엄청난 에너지를 내는데, 특히 열과 빛으로 방출해요. 별이 빛나는 것이 바로 이 과정이에요.

그러니까 모든 별은 수소 원자를 계속 충돌시켜 핵폭발을 하고 있는 거군요? 놀라워요!

맞아요. 우리 태양도 그래요! 핵융합은 핵분열보다 약 4배 더 많은 에너지를 만드는데, 독성 폐기물은 훨씬 적게 나와요.

그러면 왜 지구에서 사용하지 않나요?

그게… 시도는 하고 있어요.

핵융합에 필요한 온도와 압력은 별 내부에서는 자연적으로 만들어져요. 하지만 다른 곳에서는 만들기가 아주 어려워요.

이것이 핵융합로예요.

지구에서도 핵융합을 한 적이 있어요. 하지만 겨우 몇 개의 원자를 융합하는 데도 그 과정에서 나오는 에너지보다 더 많은 에너지를 사용했어요. 물리학자들은 더 효율적이고 비용이 적게 드는 방법을 연구하고 있어요.

입자 하나가
두 장소에 동시에
있을 수 있을까요?

빛은 무엇으로
이루어져 있을까요?

양자 컴퓨터는
어떤 일을 할까요?

평행 우주라는 게
있을까요?

제5장
양자역학

물리학자들이 지난 100년 동안 발견해 낸 것 중 한 가지를 말하자면,
우주는 지금까지 어떤 과학자가 생각했던 것보다
훨씬 더 이상하다는 거예요.

아인슈타인의 상대성이론은 현실이 우리가 일상생활에서
경험하는 것과 일치하지 않아도 된다는 것을 보여 주었어요.
시간과 공간이 물체에 따라 다르게 경험될 수 있다는 것이었지요.
그런데 모든 점에서 한 걸음 *더 나아가는* 새로운 이론이 등장했어요.
이 이론은 물체가 동시에 두 장소에 존재하고,
동시에 두 가지 다른 방식으로 움직인다는 것을 보여 주었어요.

이 이론이 **'양자역학'**이에요.

양자역학이란 무엇일까요?

첫째, 양자역학은 전자나 양성자 같은 아주아주 작은 입자들에 관한 거예요. 그 작용을 느낄 수는 있지만 실제로 관찰은 할 수 없는 것들이지요.

강력한 현미경으로 본다면, 아주 작은 것들 중 이런 것을 볼 수 있어요.

눈송이   원자들의 덩어리

소금 결정

아원자 입자처럼 양자역학적 수준에서 존재하는 것을 그림으로 그리기는 어려워요.

어떤 기기를 사용하더라도 '볼 수 없는' 작은 것들 중에는 이런 것이 있어요.

원자 한 개   쿼크   광자

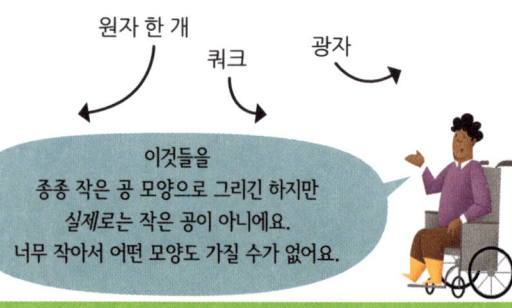

이것들을 종종 작은 공 모양으로 그리긴 하지만 실제로는 작은 공이 아니에요. 너무 작아서 어떤 모양도 가질 수가 없어요.

우리는 원자들에 비하면 아주 큰 것들의 세상에서 살고 있어요. 우리의 뇌도 큰 물건들의 움직임을 이해하도록 학습해 왔어요. 여기서 말하는 큰 것에는 모래알에서부터 나무, 심지어 모든 행성이 포함될 수 있어요.

나무를 '충분히' 세게 밀면…

…넘어지죠.

중력이 작용하기 때문이에요.

우리도 작은 입자들로 이루어져 있지만, 입자들이 작용하는 것을 볼 수 있는 방법은 없어요. 입자가 실제로 행동하는 방식은 중력이 그렇듯이, '이해하기' 힘들어요.

전자를 밀면 어떻게 되나요?

미안하지만, 질문 자체가 말이 안 돼. 전자는 밀기는커녕 그냥 건드리는 것도 불가능해.

— 그러면 물리학자들은 양자역학을 *어떻게* 이해해요?

— 수학이지. 아주아주 많은 수학.

— 문제없어요! 수학은 자신 있거든요.

— 수학은 정말 멋지지. 우리 뇌는 숫자와 기호를 이해할 수 있어. 설사 그 숫자나 기호가 우리가 보거나 그리거나 심지어 상상할 수조차 없는 것을 설명하고 있다고 해도 말이야.

— 예를 들어 주세요.

$$H(t)|\psi(t)\rangle = i\hbar\frac{\partial}{\partial t}|\psi(t)\rangle$$

— 이크, 맙소사….

— 그렇게 어렵지 않아. 각각의 기호가 무엇을 의미하는지만 배우면 돼.

— 양자역학에서 사용하는 수학에서 중요한 것은 특정한 답이 없다는 거야. 그 대신 '가장 가능성 있는' 답의 범위를 예측하지.

— 확률을 말하는 거예요?

— 맞아. 아원자 입자에 관해서라면, 낱낱의 입자가 어떤지 절대 '정확하게' 알 수 없어. 하지만 확률이라는 수학을 이용하면 수많은 입자가 무엇을 할 가능성이 있는지 예측할 수는 있어.

77

양자의 기초

양자는 '에너지 덩어리'라는 의미예요.
이 용어는 에너지가 무엇인지 알아내려고 노력한 물리학자들이 만들었어요.

전자와 빛

물리학적 사실 한 가지를 얘기해 볼게요. 어떤 물체, 특히 금속 물체에 빛을 비추면 전자가 방출돼요. 물리학자들은 이것을 **'광전 효과'**라고 불러요. 하지만 100년 전에 이런 현상을 연구하던 물리학자들에게는 이런 일이 일어나게 되는 규칙들이 혼란스러웠어요.

더 밝은 빛을 비춰 보죠.
그러면 방출되는 전자들이
더 많은 에너지를 가질 거예요.

이번에는 사용하는 빛 파동의 주파수를 높여 보죠.
그러면 빛 파동이 더 자주 부딪히기 때문에
금속은 더 많은 전자를 방출할 거예요.

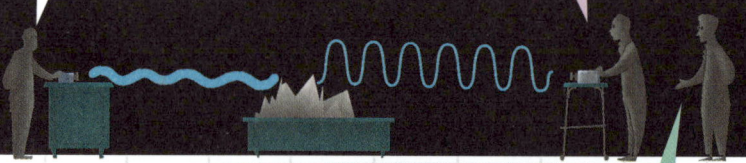

잠깐만요. 정확하게 반대 현상이 나타나는데요?
더 밝은 빛은 더 많은 전자를 방출하고,
주파수가 더 높은 빛은 *에너지가 더 높은* 전자를 방출하잖아요.

1920년대에 일부 과학자들은 빛을 에너지의 덩어리,
즉 입자로 생각해야 광전 효과를 이해할 수 있다고 주장했어요. 그 입자를 **광자**라고 불렀지요.

더 밝은 빛은 더 많은 광자로 이루어져 있어요.
광자의 에너지는 증가하지 않고
그저 광자가 더 많을 뿐이에요.

입자의 주파수는 입자가 얼마나 빠르게 진동하는지,
그러니까 얼마나 많은 에너지를 가지는지를 뜻해요.
높은 주파수의 광자는 금속에 있는 전자에게
'더 많은' 에너지를 전해 줘요.

광자의 존재를 처음으로 말한 사람은
알베르트 아인슈타인이에요. 아인슈타인에게는
광전 효과의 의문이 풀리는 것처럼 보였어요.

하지만 잠깐만요.
빛은 파동이라고 알고 있는데요?

입자일까요, 파동일까요?

광자의 발견은 놀라운 사건이었어요. 대부분의 물리학자는 빛을 '파동'의 한 종류로 생각하고 있었어요. 파장, 주파수는 물론이고 파동의 다른 성질을 모두 가지고 있었으니까요.
그래서 *입자*가 어떻게 *파동*처럼 행동할 수 있는지 많은 사람이 혼란스러워했어요.

파동의 움직임

물리학자들이 파동으로 반응하는 빛을 보여 줄 때 이용하는 실험이 있어요.

화면을 향해 빛을 비추는 실험이에요…
…이때 화면에는 두 개의 좁은 틈새가 있어요…
…빛을 비추고, 화면 뒤에 놓인 빛 감지기로 빛을 측정해요.

빛의 파동은 틈새를 지나간 후 둘로 나뉘어 감지기에 뚜렷한 무늬를 만들어요.

79

들뜨는 전자들

어떤 원자들은 열을 받으면 광자를 내놓아요. 원자들이 진동하기 시작해 *내부*에 있는 전자를 들뜨게 만들기 때문이에요. 들뜬 전자들이 움직이기 시작하면서 광자를 내놓아요. 이것은 일정한 방식으로 일어나요.

나는 전자예요. 원자핵의 주위를 돌고 있죠. 나는 이 궤도 영역에 머물러야 해요. 좀 더 가까이 간다거나 멀리 갈 수 없어요…

…들뜨기 전까지는요. 들뜨게 되면 나는 더 높은 궤도 영역으로 뛰어 올라가요. 여기서는 그전보다 더 빠르게 진동해요. 에너지를 더 많이 가지고 있거든요.

열에너지가 들어옴

전자의 들뜨기가 약해질 수도 있어요. 그러면 이렇게 돼요.

나는 들뜨기가 약해지면 낮은 궤도 영역으로 다시 떨어져요. 에너지를 일부 잃어버렸는데, 그 에너지는 빛이 되었어요.

빛에너지가 나옴

이 빛은 내가 한쪽 영역에서 다른 영역으로 떨어질 때 받은 에너지의 양과 정확하게 일치하는 특별한 색만 가질 수 있어요.

전자가 방출하는 빛은 한 덩어리의 에너지로 나오는데, 과학자들은 이것을 **양자**라고 불러요. 여기에서 양자역학이라는 이름이 나왔어요.

이 예에서 각각의 '빛의 양자'가 광자예요.

그런데 이렇게 입자로 *이루어진* 빛이 왜 파동처럼 *작용할까요*? 여기가 양자역학이 정말로 이상해지기 시작하는 지점이에요.

입자와 파동

광전 효과와 들뜬 전자가 방출하는 빛의 색은 광자로 설명할 수 있어요.
하지만 두 개의 틈새 실험은 빛이 파동일 때만 설명될 수 있어요.
자, 그렇다면 빛은 어느 쪽일까요? 빛은 입자와 파동, 양쪽 *다*라는 것이 답이에요.

한 번에 하나의 광자만 방출하는 광자 방출기로 두 개의 틈새 실험을 해도 *여전히* 간섭 무늬가 나타나요. 이것은 파동만 가능하지요.

그래서 물리학자들은 두 틈새를 동시에 지나가는 광자를 잡아내려고 시도했어요.

광자와 같은 한 개의 입자는 자기 자신 외에 다른 것과 서로 간섭할 수 없어요…

잠깐, 지금은 광자들이 한 틈새로만 지나가고 간섭 무늬가 사라졌어요!

…아니면 두 틈새를 동시에 지나갔을까요?

그 대신 감지기에는 점들이 모여 있는 곳이 두 군데 나타났어요. 이것은 광자들이 입자처럼 작용한다는 것을 보여 줘요.

각각의 광자가 어느 경로로 가는지 아무도 관찰을 하지 않으면
광자는 두 *경로*를 동시에 지나서 파동과 같은 방식으로 감지기에 퍼져요.
놀랍게도, 누군가가 관찰을 하면 광자들은 낱낱의 입자처럼 행동해요.
이에 대한 유일한 설명은 광자가 파동이면서 *동시에* 입자라는 것뿐이에요.

마치 광자들이 부끄럼을 타는 것 같아요. 우리가 지나가는 것을 *관찰하면* 광자들은 두 장소에 동시에 존재할 수 있는 능력을 숨겨요.

하지만 우리가 *관찰을 하지 않으면* 광자들은 파동처럼 작용해 두 개의 틈새를 동시에 지나가요.

특별해 보이는 점은 없죠…

빨리, 두 장소에 동시에 존재하는 마술을 부려!

물리학자들은 이것을 **파동-입자 이중성**이라고 불러요. *입자*가 때때로 *파동*의 성질을 가진다는 뜻이에요. 그런데 광자들만 이렇게 하는 건 아니에요. 전자, 심지어 *원자* 전체도 두 개의 틈새 실험에서 같은 결과를 보여요.

입자들은 부끄러워하는 것이 아니라, 불확실한 거예요

파동-입자 이중성을 발견한 물리학자들은 이 입자들이 '부끄러워한다'고 묘사했어요. 하지만 이것이 입자들의 문제가 아니라는 것을 알아냈어요. 문제는 이것을 측정하려는 사람이었어요. 결국 어떤 입자 하나가 어떻게 되는지에 대해서 한 가지 이상을 알아내는 것은 불가능하다는 것이 밝혀졌어요.

하나만 고르세요: 속력이냐 위치냐

입자가 *어디*에 있는지, 또는 *얼마나 빠르게* 움직이고 있는지 알아내는 것은 '가능'해요. 하지만 두 가지를 동시에 아는 것은 '불가능'해요. 이 현상은 **하이젠베르크의 불확정성의 원리**라고 알려져 있어요. 사람들은 이런 현상을 피해서 동시에 알아내는 방법을 찾으려고 노력했지만 찾아내지 못했어요.

베르너 하이젠베르크

문제는 단일 입자를 찾아낼 수 있는 유일한 방법은 *다른* 입자와 부딪히게 해야 한다는 거예요. 나는 광자 발생기를 사용하고 있어요.

정확한 *위치*를 알아내기 위해서 나는 아주 짧은 파장의 빛을 사용해요. 이 말은 곧, 이 빛이 *아주 많은* 에너지를 가지고 있다는 뜻이에요.

광자가 입자에 부딪힐 때, 광자는 에너지의 일부를 전달해요. 그러면 입자의 속력이 바뀌어요. 그래서 속력을 알아낼 수 없는 거예요.

파장이 더 긴 광자를 사용하면, 얼마만큼의 에너지가 입자에게 전달되는지 내가 계속 지켜볼 수 있어요. 입자의 속력을 측정할 수 있다는 의미죠.

하지만 이처럼 긴 파장은 더 넓은 영역을 차지하기 때문에 입자가 정확하게 *어디*에 있는지는 볼 수 없어요.

사실 우리는 입자의 위치나 속력을 결코 '정확하게' 측정할 수 없어요. 입자를 관찰하는 행동이 위치와 속력을 변화시키기 때문이에요. 물리학자들이 할 수 있는 일은 입자가 대충 어느 영역에 있고, 얼마나 빨리 움직이고 있는지 추측하는 거예요.

예를 들어, 우리는 원자에는 전자가 있으며, 전자가 핵 안에 있는 건 아니라는 사실은 알아요. 하지만 정확하게 *어디*에 있는지는 몰라요.

그래도 우리는 수학을 이용해 전자가 어디로 갈지, 얼마나 빠르게 움직일지 예측할 수 있어요. 이런 작은 입자들은 예측만으로도 충분해요.

우리가 알 수 있는 것: 파동 함수

불확정성이 있다고 하면 실망스러울 수도 있지만 양자물리학자들은 신경 쓰지 않아요.
입자의 **파동 함수**라고 부르는 것은 확신할 수 있기 때문이에요.
이 말은, 파동 함수로 '한 입자의 가능한 모든 상태의 결합을 알아낼 수 있다'는 뜻이에요.

그런데 그게 도대체 무슨 의미일까요? 탁자 위에 구운 닭고기가 놓여 있는 방을 상상해 보세요.
그 방에는 배고픈 개도 한 마리 있어요. 그리고 진공청소기와 공, 그림 도구도 있어요.
우리는 방 안을 볼 수 없어요. 하지만 방 안에서 일어날 법한 모든 일의 파동 함수를 만들 수 있어요.
또한 그 일들이 일어날 *가능성*을 추정할 수도 있죠.

개가 청소를 함: 가능성이 별로 없음

개가 잠을 잠: 가능성 있음

개가 닭고기를 먹음: 가능성이 아주 높음

개가 공을 씹음: 가능성 있음

개가 그림을 그림: 가능성이 별로 없음

이 파동 함수에서 일어날 모든 가능성을 말로 표현하는 것은 불가능해요. 하지만 수학을 이용하면 '가능'해요.
중요한 건 우리가 방문을 열기 전까지는 무슨 일이 일어나고 있는지 '모른다'는 거예요.
하지만 *뭔가가* 일어나고 있다는 것은 분명하게 알아요.
양자물리학자들은 이 모든 가능성을 '개가 파동 함수의 **중첩 상태**에 있다'고 표현해요.

우리가 방문을 열고 개를 관찰하면 파동 함수는 **붕괴**해요.

이제 우리는 개가 무엇을 하는지 정확하게 알고 있으니, 개가 다른 일을 할 가능성은 0이에요.

이게 광자나 전자 이런 것들과는 무슨 상관일까?

멍!

저 개는 입자 하나와 같아요.
입자의 파동 함수는
'입자가 있을 수 있는 모든 장소'를 의미하죠.
입자가 무엇을 하고 있는지 예측하려면
파동 함수만 알면 돼요.

양자 우주

물리학자들은 작은 입자들이 행동하는 방식을 이해하게 되자,
이 모든 것이 '우리 자신'을 포함한 '큰' 물체의 세계에는
어떤 의미가 있는지 궁금해지기 시작했어요. 결국 모든 것은
이처럼 불확실하고 예측 불가능한 입자들로 이루어져 있으니까요.

잠깐만요.
그럼 저도 파동 함수를
가지고 있나요?

그럼! 모든 것은 파동 함수를 가져.
그런데 입자를 많이 포함하는 것일수록
파동 함수는 더 작아지지.

그게 무슨 뜻이에요?

너한테 정말로 이상한 일이 일어날 가능성이
정말로 아주 작다는 의미야.

하지만 그래도 일어날 수는 있는 거죠?

그러니까 양자 이론에 따르면,
너의 파동 함수 중 일부는 네 몸의 각 부분이
두 개의 문을 동시에 통과하겠다고
결정할 수 있다는 거야…

…하지만 이건 일어날 가능성이
아주아주 낮으니까 걱정할 건 없어.

근데 파동 함수가 어떻게 작동하는지
아직 잘 모르겠어요.
파동 함수가 붕괴하기 전에는
'실제로' 어떤 일이 일어나고 있나요?
정말로 모든 가능성이
동시에 일어나는 거예요?

축하해!
넌 방금 물리학에서 가장 열띤 논쟁 중
하나로 들어가는 문을 열었어.

양자역학을 설명하는 방법

물리학자들은 파동 함수, 중첩, 붕괴 같은 개념이 모두 맞을 것이라고 자신해요.
적어도 작은 입자들의 세계에서는 물리학자들이 제시하는 모형이 맞는 것 같아요.
하지만 이 모형이 큰 물건들의 세계에서 무엇을 의미하는지에 대해서는
적어도 두 개의 서로 다른 설명이 있어요.

> 나는 *코펜하겐 해석*에 동의해.
> 입자는 말 그대로 관측되기 전까지는
> 모든 가능한 상태에 동시에 존재한다는 해석이지.

> 나는 *다세계 해석*에 동의해.
> 이 해석도 역시 입자는 말 그대로 관측되기 전까지는
> 모든 가능한 상태에 동시에 존재한다고 이야기해.

> 그러니까 개와 닭고기가 있는
> 닫힌 방 안에서는 일어날 수 있는
> 모든 일이 '실제로 일어나고' 있어.

> 우리 해석의 차이점은,
> 난 가능한 각각의 상태가
> *자신만의 분리된* 우주에 있다고
> 생각한다는 거야.

> 그러니까 나는 개와 닭고기에 관한
> 모든 가능한 일이 평행 우주에
> 존재한다고 믿어.

> 어떻게? 그건 말이 안 돼.

> 그게 미묘한 부분이야.
> 우리가 문을 열자마자 파동 함수가 붕괴하고
> 오직 한 가지 일만 일어나는 거지.

> 내가 문을 열면, 즉 파동 함수를 붕괴시키면,
> 나는 그 모든 우주들 중 *딱 하나*에 있게 되는 거지.

> 그 밖의 다른 우주는
> 전부 어떻게 돼요?

> 나는 개가 닭고기를 먹고 있다는
> 데에 걸겠어.

> 그건 몰라.
> 다른 어딘가에 전부 다 있을 수도 있겠지.
> 그러다 불확정성이 있을 *때마다*
> 새로운 우주가 나타나는 거야.

> 나도 그래. 이 지점에서는
> 그 한 가지 일이 '일어났던 모든 일'이기도 해.
> 과거는 그 자체가 붕괴하는
> 파동 함수의 일부야.

> 그러니까 어딘가에는
> 내가 두 개의 문을 동시에 통과하는
> 평행 우주가 있다는 말이에요?

> 수학에 따르면 그래.
> 하지만 네가 거기로 갈 가능성은
> 거의 없어.

양자역학의 *해석*에 대한 논쟁은 아주 흥미로워요(이 두 가지 말고 다른 해석도 있어요). 하지만 어느 것이 맞는지는 중요하지 않은 것 같아요. 양자역학은 온갖 종류의 실용적인 실제 세계의 물건을 개발하는 데 이용되고 있어요. 다음 쪽에서 몇 가지 예를 알아보아요.

양자역학 이용하기

많은 물리학자에게 양자역학이 *왜* 그런 식으로 작동하는지는 중요하지 않아요.
중요한 것은, 기본 입자들의 마술 같아 보이는 성질들을 가지고
무엇을 할 수 있는지 연구하는 일이랍니다.

지금은 볼 수 있고, 지금은 볼 수 없고

입자의 불확실한 양자적 특성은 **양자 터널 효과(터널링)**라는 이상한 성질로 이어져요.
양자 터널 효과라니, 그게 뭘까요?

염소 크기의 물체는
뉴턴의 운동 법칙과 같은 고전물리학을 따르죠.
염소가 벽을 만나면 그냥 통과할 수 없다는 말이에요.
아니면… 혹시 통과할 수도 있을까요?

입자들은 규칙이 달라요.
입자들이 벽을 만나면 입자의 파동 함수는
벽 너머까지 뻗어 가요. 입자들의 위치는 불확정이에요.
입자들이 벽 너머에서 발견될 가능성도 있다는 말이죠.

그래서 입자의 위치를 측정했을 때
벽을 완전히 '뛰어넘어' 통과한 게 발견될 수 있어요.
이것이 양자 터널 효과예요.

그리고 이런 일은 실제로 일어나요.

하지만 이것이 일어날 가능성은
벽이 두꺼울수록 작아져요.

그런데 말이죠,
염소가 양자 터널 효과를 경험하는 것이
완전히 불가능하지는 않아요.
다만 그게 가능하려면 염소를 이루고 있는
모든 입자(물론 엄청나게 많죠.)가
정확하게 같은 순간에 같은 방식으로
움직여야 해요.

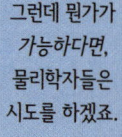

그런데 뭔가가
가능하다면,
물리학자들은
시도를 하겠죠.

터널을 지나 알지 못하는 곳으로

맞아요. 그런데 염소를 밀어 벽을 통과시킨 사람은 아직 아무도 없어요.
하지만 놀랍도록 강력한 특수 현미경을 만드는 데에 양자 터널 효과를 이용할 수 있었어요.

일반적인 현미경은 한계가 있어요.
물체가 가시광선의 파장보다 더 작으면
(예를 들어, 원자 하나처럼)
일반적인 현미경으로는 볼 수가 없어요.

하지만 '주사 터널링 현미경'은 이 문제를 극복했어요.
이 현미경은 끝이 아주 작고 뾰족한데 전하를 띠고 있어요.
그 끝을 공기층을 사이에 두고 연구 대상이 되는
물체(예를 들면 원자)에 아주아주 가까이 놓아요.

공기층이 벽인 셈이에요.
그러면 가끔씩 전자가 현미경의 끝에서 물체로
'터널링'(터널을 지나가듯 넘어가는 것)을 해요.

주사 터널링 현미경이 이 전자들을
약한 전류로 감지할 수 있어요.

현미경의 끝과
물체 사이의
간격이 작을수록
더 많은 전자가
터널링을 해서
더 강한 전류가
감지되죠.

주사 터널링 현미경은
컴퓨터로 터널링을 하는
전자들의 움직임을 측정해
물체에 있는 원자들의 모양을
화면에 나타내요.

주사 터널링 현미경은
원자들이 어떻게 결합해
물질을 구성하는지 보여 줘요.
정말 놀랍죠! 그리고 겨우 원자 몇 개의
크기밖에 안 되는 컴퓨터 부품을
만드는 데도 이용할 수 있어요.

얽힘 현상

작은 입자들의 또 하나의 이상한 성질은 입자들이 빈 공간을 사이에 두고 떨어져 있을 때에도 서로에게 영향을 줄 수 있다는 거예요. 그리고 이 영향은 자석들처럼 가까운 거리에서만이 아니라, 은하로까지 펼쳐질 수 있어요. 이것을 **양자 얽힘**이라고 해요.

물리학자들이 입자들이 '얽혀 있다'고 말할 때는 한 입자의 '상태'가 곧바로 다른 입자의 '상태'에 대한 정보를 준다는 것을 의미해요. 다음과 같은 경우를 생각해 보아요.

물리학자들은 입자들의 무리를 잘 조절해 얽혀 있게 할 수 있어요.
그러면 과학자들이 직접 관찰하지 않고도 입자들의 상태를 알 수 있어요.
또한 한 입자의 상태를 바꾼다면 이것이 얽혀 있는
다른 입자들의 상태도 바꾼다는 것을 의미하지요.

광자, 나를 전송해 줘

물리학자들은 양자 얽힘을 이용하면, 주로 과학 소설에 등장하는 뭔가가 가능해질 것 같다는 사실을 깨달았어요. 바로 **순간 이동**이에요. 하지만 양자역학의 대부분이 그런 것처럼 이것이 작동하는 방법은… 약간 이상해요.

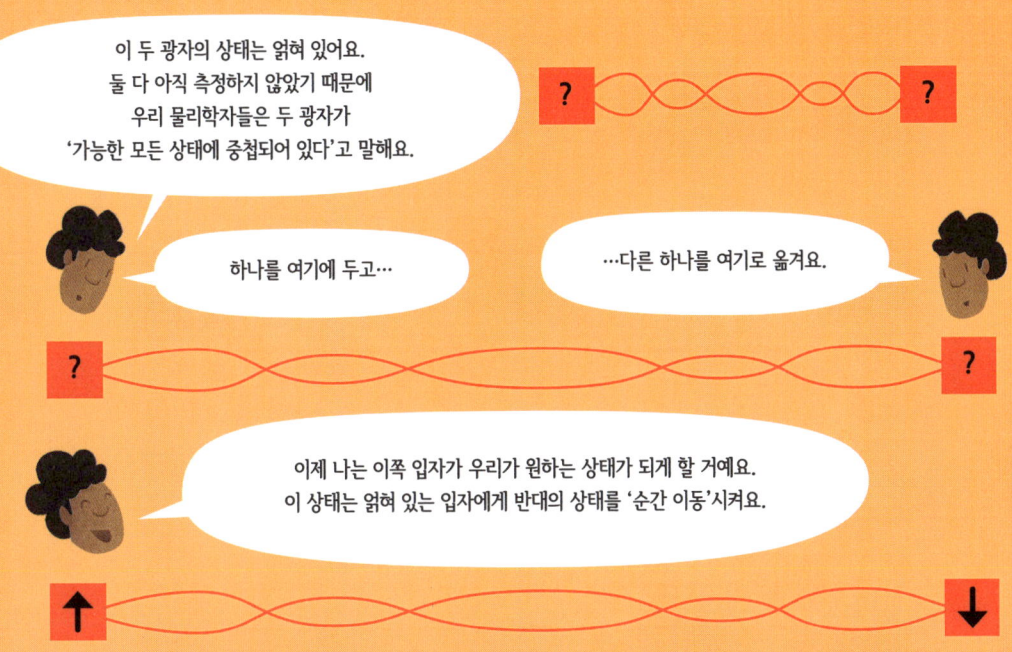

순간 이동은 정말 대단한 일인 것 같아요. 하지만 사람을 다른 행성으로는 보내는 건 제쳐 두고라도 방을 가로질러 쏘아 보내는 것만 해도 물리학자들에게는 아직 먼일이에요. 불행히도 큰 물체일수록 파동 함수는 더 작기 때문에 얽힘을 만들기가 더 어려워요.

양자 컴퓨터

컴퓨터는 **비트**라는 것을 이용해 정보를 저장해요. 비트는 기본적으로 스위치의 **켜짐** 또는 **꺼짐** 상태예요. 이 두 가지 상태만으로 계산을 하는 것부터 인터넷을 구축하는 일까지 컴퓨터가 하는 모든 종류의 일을 하는 데 필요한 컴퓨터 언어를 만들 수 있어요. 양자 컴퓨터는 더 많은 일을 더 빠르게 할 수 있는 더 복잡한 언어를 사용해요.

양자 컴퓨터는 **큐비트**를 이용해서 정보를 저장해요. 큐비트는 양자 입자들인데, 동시에 켜짐과 꺼짐의 중첩 상태로 존재해요.

그게 쓸모가 있다는 말이죠?

매우 유용해요. 컴퓨터가 어떻게 문제를 해결하는지 한번 살펴보죠.

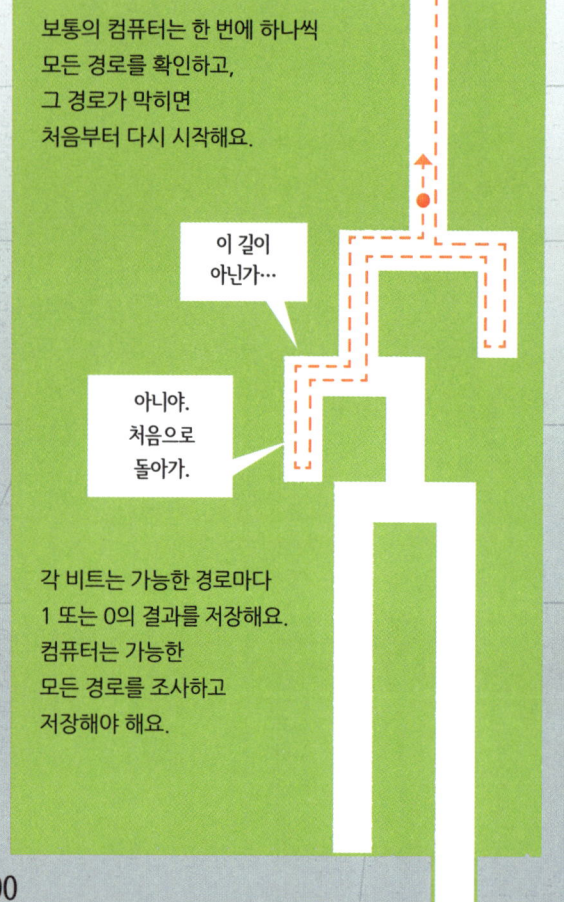

보통의 컴퓨터는 한 번에 하나씩 모든 경로를 확인하고, 그 경로가 막히면 처음부터 다시 시작해요.

이 길이 아닌가…

아니야. 처음으로 돌아가.

각 비트는 가능한 경로마다 1 또는 0의 결과를 저장해요. 컴퓨터는 가능한 모든 경로를 조사하고 저장해야 해요.

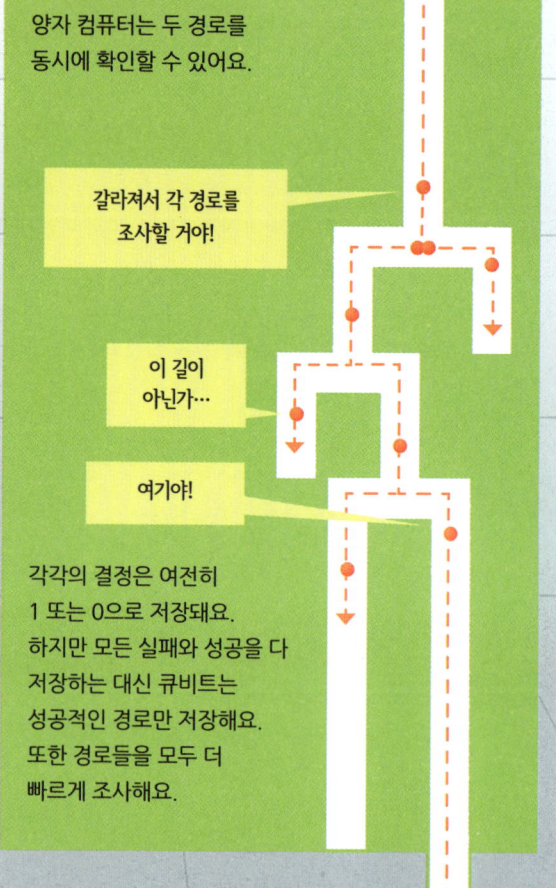

양자 컴퓨터는 두 경로를 동시에 확인할 수 있어요.

갈라져서 각 경로를 조사할 거야!

이 길이 아닌가…

여기야!

각각의 결정은 여전히 1 또는 0으로 저장돼요. 하지만 모든 실패와 성공을 다 저장하는 대신 큐비트는 성공적인 경로만 저장해요. 또한 경로들을 모두 더 빠르게 조사해요.

양자 컴퓨터의 큐비트들은 서로 *얽혀* 있어요. 이것은 한 컴퓨터의 서로 다른 부분들의 정보가 선을 따라 이동할 필요 없이 동시에 공유된다는 뜻이에요.

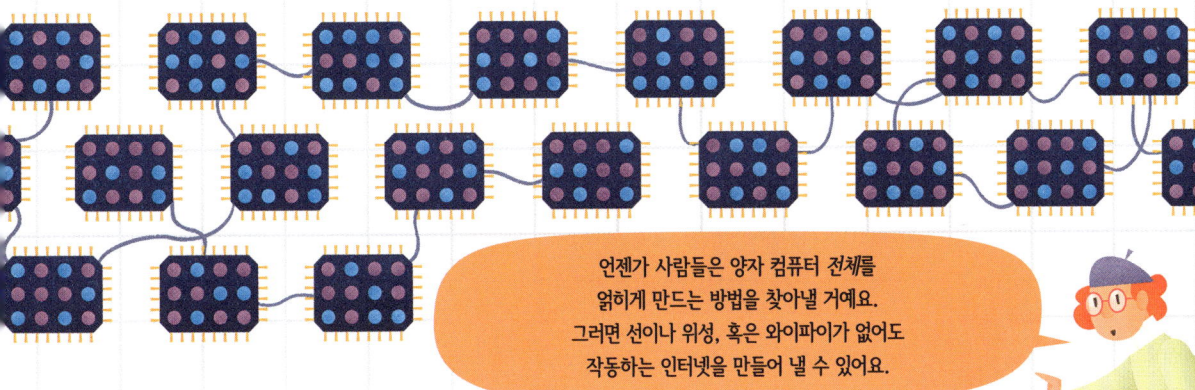

언젠가 사람들은 양자 컴퓨터 *전체*를 얽히게 만드는 방법을 찾아낼 거예요. 그러면 선이나 위성, 혹은 와이파이가 없어도 작동하는 인터넷을 만들어 낼 수 있어요.

양자 컴퓨터는 보통 컴퓨터보다 훨씬 더 빨라요.
여러 계산을 동시에 수행할 수 있는 큐비트의 능력이면 엄청나게 복잡한 문제를 풀 수 있어요.
양자 컴퓨터를 이용할 수 있는 예는 다음과 같아요.

암호를 빠르게 풀 수 있고 암호를 만드는 데도 도움이 되므로, 정보를 더 안전하게 공유할 수 있어요.

날씨를 예측하는 데도 도움이 돼요.

사람에 따라 가장 적합하고 더 효과적인 맞춤형 의약품 모델을 만들어 줄 수 있어요.

사람처럼 생각하고 말하는 인공지능 기계를 만들 수 있어요.

하지만 큐비트를 만들고 서로 연결하는 일은 아주아주 어려워요.

큐비트는 중첩 상태에 있어야 해요. 관찰할 수 '없어야' 한다는 말이죠. 관찰이 되는 순간 모든 파동 함수가 붕괴해 컴퓨터의 능력을 잃게 돼요.

양자 컴퓨터에 더 많은 큐비트가 더해질수록 큐비트들의 파동 함수를 얽히게 만드는 것은 더 어려워.

하지만 몇 년만 있으면 우리가 사용할 수 있는 양자 컴퓨터를 완성하게 될 거예요!

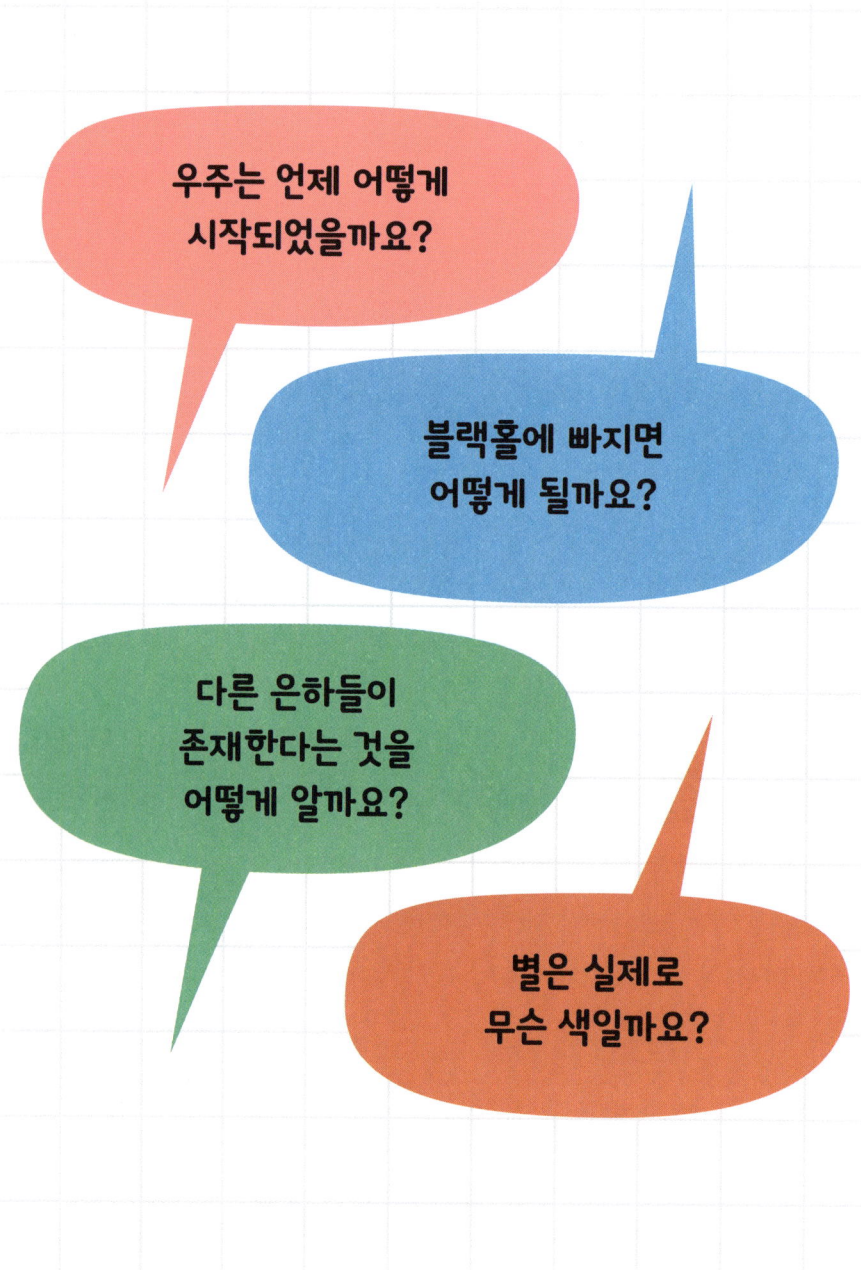

제6장
우주

물리학의 궁극적인 목표는 *모든 것*에 적용될 수 있는
매우 보편적인 이론을 만드는 거예요.
그리고 어떤 이론의 최종 검증은,
그 이론이 '우주 전체'를 설명할 수 있는지에 달려 있어요.
행성이나 블랙홀처럼 우주에 있는 거대한 물체에서부터
집에 있는 작은 물체들에 이르기까지 모든 것이 포함되지요.

놀랍게도 물리학자들은 우리 행성을 벗어나지 않고도
별이 무엇으로 이루어져 있는지,
우주의 기원은 무엇인지 알아냈고,
그 밖에 다른 많은 것도 알 수 있었어요.

우주는 어떻게 시작되었을까요?

우리가 조사할 수 있는 것 중 가장 큰 것은 당연히 우주예요.
그런데 그 일을 어디에서 시작하면 좋을까요?
대다수 물리학자는 모든 것이 **빅뱅**에서 처음 *시작되었다*고 생각해요.

'빅뱅'은 폭발이 아니었어요.
빅뱅은 갑작스럽고 급속한 '팽창'이었어요.
풍선이 아주아주 빠르게
부풀어 오르는 것과 비슷하죠.

물리학자들은 도대체 그런 생각을
어떻게 하게 되었을까요?
그건 1920년대에 그들이 관찰한
'**적색 이동**'과 관련이 있어요.

적색 이동

먼 우주에 있는 천체들은 다양한 파장의 빛을 방출해요. 파장에 따라 색이 다르지요.
그런데 이 파장과 그 색은 천체가 우리에 대해 상대적으로 어떻게 움직이고 있느냐에 따라 변하는데,
파란색이나 붉은색으로 변화해요.

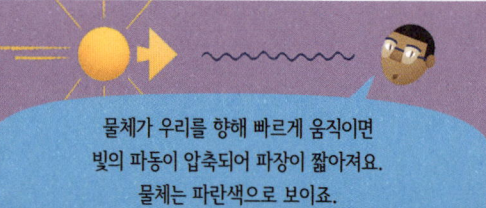

물체가 우리를 향해 빠르게 움직이면
빛의 파동이 압축되어 파장이 짧아져요.
물체는 파란색으로 보이죠.
이것을 **청색 이동**이라고 해요.

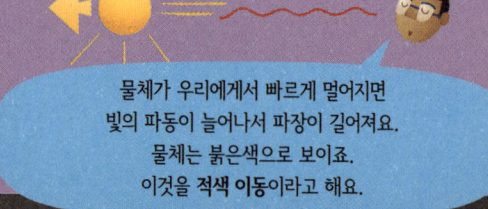

물체가 우리에게서 빠르게 멀어지면
빛의 파동이 늘어나서 파장이 길어져요.
물체는 붉은색으로 보이죠.
이것을 **적색 이동**이라고 해요.

빅뱅과 그 너머

최초의 순간에 있었던 거라곤, 에너지와 '**최초의 특이점**'이라고 부르는
뜨겁고 단단한 하나의 점뿐이었어요. 이것이 무엇인지는 아무도 몰라요.
하지만 물리학자들은 그다음에 무슨 일이 있었는지는
꽤 상세하게 알고 있어요.

뻥!
급 팽창

시간은
약 **138억 년** 전에
시작되었어요.

최초의 1초보다 훨씬 짧은 시간에…
우주는 원자 하나의 크기에서
포도알 크기로 급격히 팽창했고
전자와 쿼크들이 만들어졌어요.

전자   쿼크

이후 1초도 되지 않는 동안…
쿼크들이 모여
최초의 양성자와
중성자들을 만들었어요.

빅뱅을 어떻게 알 수 있을까요?

우주에 있는 대부분의 큰 천체는 *적색 이동*을 보인다는 사실이 밝혀졌어요.
그러니까 우리에게서, 그리고 서로에게서 *멀어지고* 있는 거지요. 물리학자들은 적색 이동이
한때는 이 천체들이 서로 훨씬 더 가까이 있었다는 것을 말해 주는 거라고 생각했어요.
천체들은 우주가 팽창하면서 시작되었기 때문에 멀어지고 있어요. 이것이 바로 '빅뱅 이론'이에요.
적색 이동은 우주가 *아직도* 팽창하고 있다는 것을 뜻하는데, 팽창이 멈출 가능성은 없어 보여요.
사실 팽창은 더 빨라지고 있어요.

물리학자들은 **우주배경복사**라는 것도 발견했어요.
우주배경복사는 빅뱅 때의 엄청난 열이 수십억 년이 지난 후에도 완전히 식지 않고 남은 흔적이에요.

적색 이동, 우주배경복사, 그리고 다른 많은 관측으로 물리학자들은 우주의 시작에 무슨 일이 일어났는지 세밀하게 조각을 맞출 수 있어요.

입자 가속기(64쪽에 나온 것과 같은)를 이용해 물리학자들은 심지어 우주 최초의 순간의 열, 압력, 밀도를 재현할 수도 있어요.

40만 년 뒤…
전자가 양성자,
중성자와 결합하여
최초의 원자들이 만들어졌어요.

다시 128억 년 뒤…
거대한 수소와 헬륨의 구름이 만들어졌어요.
여기에서 나중에 은하들이 만들어지게 되지요.

더 작은 기체 구름들이 수축해
'최초의' 별들이 만들어지고…

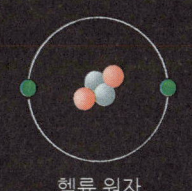

헬륨 원자   수소 원자

빛이 나오기 시작했어요.

…이 별들이 폭발해
'새로운' 별과 행성들이 만들어졌어요.

하늘 이해하기

수천 년 동안 사람들은 지구가 우주의 중심이며, 태양, 행성, 별과 같은
다른 모든 '하늘의 물체(천체)'들은 지구 주위를 돈다고 생각했어요.

태양계 모형

고대의 사상가들은 하늘에 있는 물체들의 움직임을 설명하고 예측하는 훌륭한 모형을 만들어 냈어요.
이 모형은 어느 정도까지는 꽤 잘 작동했지만, 너무 복잡했어요.
고대의 사상가들은 이렇게 생각했어요.

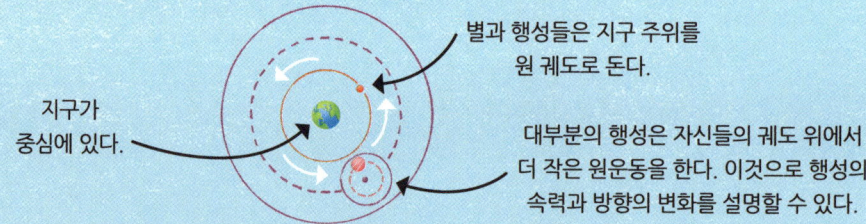

지구가 중심에 있다.

별과 행성들은 지구 주위를 원 궤도로 돈다.

대부분의 행성은 자신들의 궤도 위에서 더 작은 원운동을 한다. 이것으로 행성의 속력과 방향의 변화를 설명할 수 있다.

새로운 관측이 이루어지면서 회전하는 요소들을 추가해야 했어요.
사람들은 움직이는 요소가 포함된 실제 모형을 만들기도 했어요.
이것을 '혼천의' 또는 '아스트로라베'라고 해요.

최신 우주 모형 팔아요! 와서 구경하세요!

혼천의 판매!

이보게, 고리 하나를 추가해야 하네. 아폴로니우스가 얼마 전에 수성이 뒤로 움직이는 것을 보았다네!

폴란드의 천문학자
니콜라우스 코페르니쿠스는
태양을 우주의 중심에 놓으면
모든 것이 더 잘 작동할 것 같다고
생각했어요.

흠, 이게 더 합리적이지 않을까?

코페르니쿠스의 새 모형은 완벽하지 않았고 곧바로 성공을 거두지도 못했어요.
그래도 결국 사람들은 코페르니쿠스의 핵심적인 생각을 받아들였고,
이것을 이용해 더 정확한 새 모형들을 개발했어요.
물론 언제나 생각이 다른 사람은 있었어요.

말도 안 돼요!
태양이 지구 주위를 도는 게
보이잖아요.

맞아요, 게다가 그 이론이 맞는다면
우주 공간을 움직일 때 생기는 바람이
왜 느껴지지 않죠?

하지만 우리가 태양에 있다면
지구가 움직이는 것처럼 보일 거예요.
모두 상대적이죠.

바람을 만드는 대기가
지구와 같이 움직이기 때문에
바람을 느끼지 못하는 거예요.

원으로 움직이기(원이 아닐 수도 있어요)

어떤 모형을 사용하든, 화성은 문제의 행성이었어요.
화성은 빨라졌다가 느려지고, 심지어 때로는 뒤로 움직였어요.
당시에 나온 가장 최신의 모형들도 화성의 움직임을 정확하게 예측하지 못했어요.
생각의 전환을 만들어 낸 사람은 17세기의 천문학자 요하네스 케플러였어요.

화성의 궤도는 원이 아니라 타원이야!
화성이 그렇다면 다른 행성들은 어떨까?

케플러는 우리가 태양계를 이해할 때
기본이 되는 모형을 개발했어요.
이것은 뉴턴의 운동 법칙들(19쪽 참고)과
결합해 천문학자들이 천체들의 운동을
믿을 수 없을 정도록 정확하게
예측할 수 있게 해 주었어요.

물리학자들은 전파로 사진이나 상세한 데이터를 보내오는 망원경과 탐사선을 비롯해 로봇 탐사차(로버)들로부터도 온갖 종류의 정보를 모아요.

행성부터 위성까지 모든 천체는 태양의 중력에 묶여 있어요. 천체마다 거리와 속력이 다르지만, 이 천체들은 대부분 완벽하게 규칙적인 방식으로 타원 궤도를 따라 움직여요.

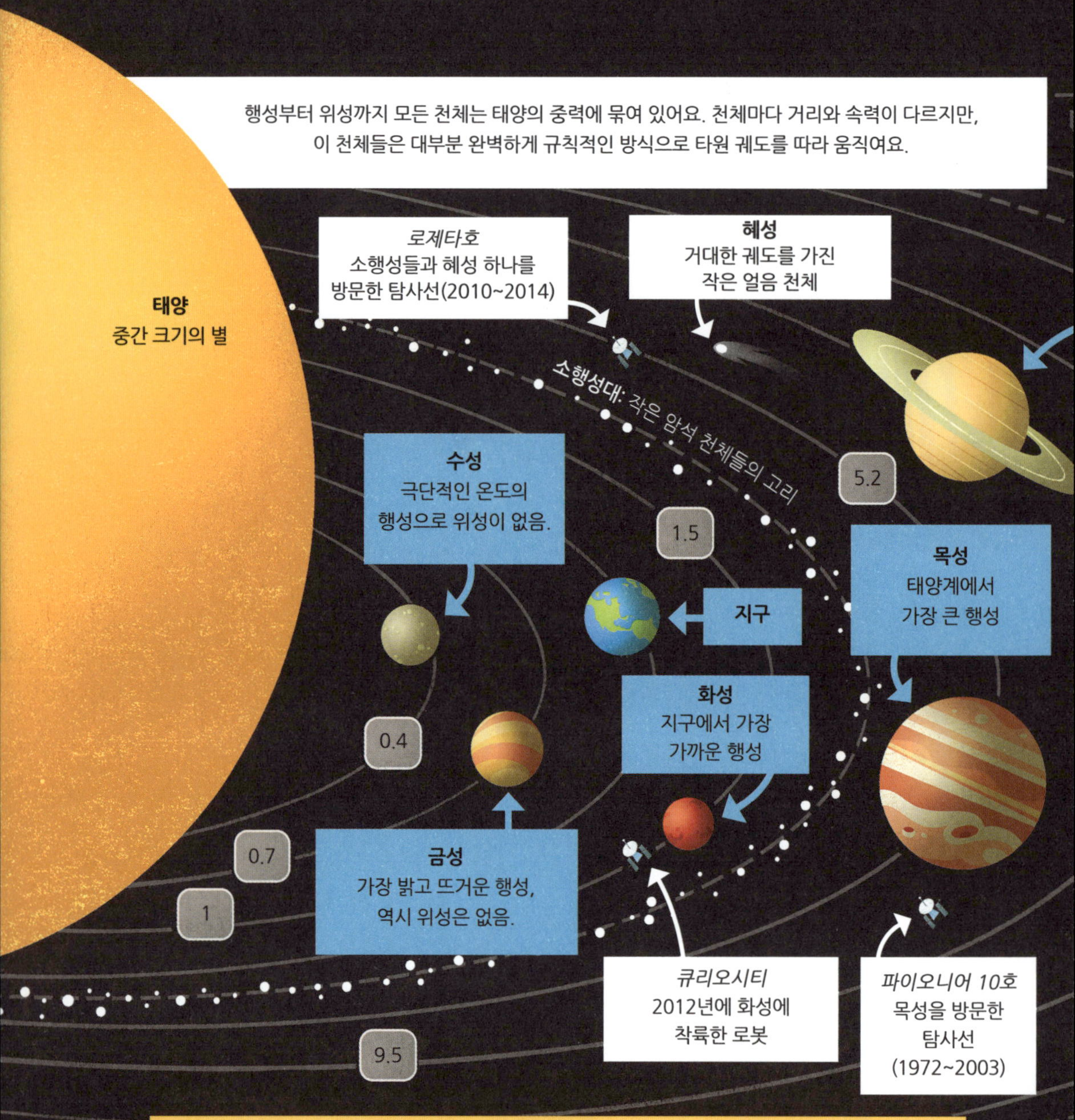

태양
중간 크기의 별

로제타호
소행성들과 혜성 하나를 방문한 탐사선(2010~2014)

혜성
거대한 궤도를 가진 작은 얼음 천체

소행성대: 작은 암석 천체들의 고리

수성
극단적인 온도의 행성으로 위성이 없음.

5.2

1.5

지구

목성
태양계에서 가장 큰 행성

화성
지구에서 가장 가까운 행성

0.4

금성
가장 밝고 뜨거운 행성, 역시 위성은 없음.

0.7

1

큐리오시티
2012년에 화성에 착륙한 로봇

파이오니어 10호
목성을 방문한 탐사선
(1972~2003)

9.5

그림 설명

 우주 탐사선 혹은 로봇 탐사차(로버)

태양에서의 대략적인 평균 거리를 **천문단위(AU)**로 표시한 것.
1AU = 약 1억 5천만 킬로미터

98

왜소행성

수백만 개의 소행성들이 태양 주위를 돌고 있어요. 암석으로 된 이 천체들 중에는 조약돌만큼 작은 것도 있고 달만큼 큰 것도 있어요. 어떤 것은 불규칙한 모양이고 어떤 것은 완벽하게 둥근 모양이에요. 소행성들 중에서도 가장 크고 둥근 것을 왜소행성이라고 하는데, 대부분 해왕성 너머에 있는 **카이퍼 벨트**라는 영역에서 발견돼요.

왜 그냥 행성이 아니라 왜소행성이죠?

자기 궤도 '주변에 있는 이웃들을 깨끗하게 정리할' 정도로 충분히 크지 못하기 때문이에요.

네?

기본적으로 '온전한' 행성은 주변의 작은 천체들을 모두 붙잡아서 자신의 주위를 돌게 하거나 아니면 멀리 치워 버려요.

카이퍼 벨트: 얼음 천체들의 고리

토성
얼음과 암석으로 이루어진 고리들로 둘러싸여 있음.

왜소행성

39.5

명왕성
왜소행성

카시니-하위헌스호
토성을 방문한 탐사선
(2004~2017)

뉴호라이즌스호
2015년에 명왕성에 도착한 탐사선

19.2

해왕성
폭풍의 행성으로 지구보다 17배 큼.

30

천왕성
옆쪽에 충격이 가해져 다른 행성들과 반대 방향으로 자전함.

태양계의 정보

나이: 45억 년
행성: 8개
왜소행성: 현재까지 5개
위성: 현재까지 200개
위치: 우리은하

태양계의 끝: 100,000천문단위

보이저 1호와 2호
2012년과 2018년에 태양계를 벗어난 탐사선

태양계 너머

우리 태양은 우주에 존재하는 셀 수도 없이 많은 별 중 하나일 뿐이에요. 별은 대부분 아주아주 멀리 있어요. 하지만 과학자들은 별 근처에도 가지 않고 별을 연구하는 방법을 알고 있어요. 다음 쪽에서 더 알아보아요.

별

우주에는 *셀 수 없이 많은* 별이 있어요. 대부분 너무나 멀리 있어서 우리 눈에는 하늘에 있는 작은 점으로 보이고, 실제로 별에 가까이 가는 일은 상상조차 하기 힘들지요. 하지만 물리학자들은 별에 대해서 놀라울 정도로 많은 것을 알고 있어요. 예를 들면 이런 것이에요.

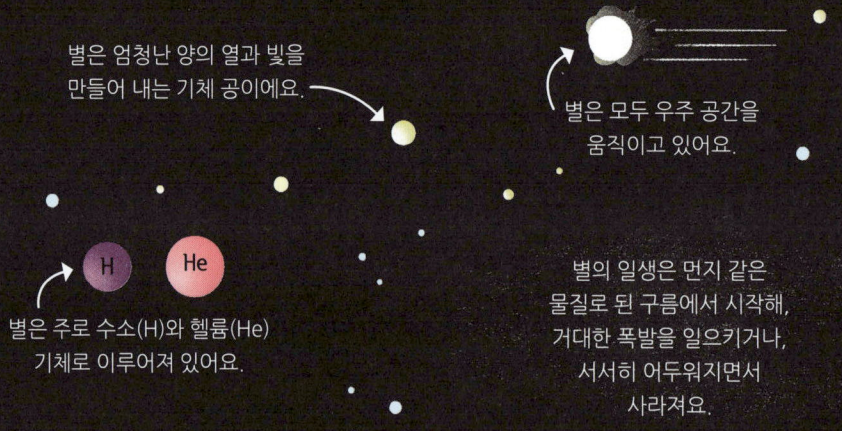

별은 엄청난 양의 열과 빛을 만들어 내는 기체 공이에요.

별은 모두 우주 공간을 움직이고 있어요.

별은 주로 수소(H)와 헬륨(He) 기체로 이루어져 있어요.

별의 일생은 먼지 같은 물질로 된 구름에서 시작해, 거대한 폭발을 일으키거나, 서서히 어두워지면서 사라져요.

빛으로 연구하기

우리가 별과 접촉할 수 있는 유일한 매개체는 별이 방출하는 빛이에요.
하지만 이 빛으로도 얼마든지 많은 것을 알아낼 수 있어요. 우선 빛은 별이 어떤 재료로
이루어져 있는지 알려 줘요. 모든 별은 자기만의 '**빛 자국**'을 가지기 때문이에요.
다른 모든 빛처럼 별빛도 여러 파장으로 이루어져 있기 때문에 물리학자들은 별빛을 관측할 수 있어요.
학자들은 '**분광기**'라는 기기를 이용해 별빛의 파장들을 관측해요.
그러면 연속된 색깔 띠에 검은색 선들이 나타나는데,
흡수선이라고 불리는 이 검은 선들이 그 별의 빛 자국이에요.

별빛

분광기

별의 빛 자국

이 분광기는 가시광선을 여러 색으로 나누어서 보여 줘요. 대부분의 색깔 띠에서 검은 흡수선이 보여요.

그런데 이런 사실이 별이 무엇으로 이루어져 있는지 어떻게 알려 줄까요? 특정한 물질은 뜨거울 때 특별한 파장을 가진 빛의 무늬를 만들어요. 그러니까 어떤 물질이 어떤 무늬를 만드는지 알고 있으면, 별의 빛 자국에서 이 무늬들을 찾아서 별에 어떤 물질이 있는지 알아낼 수 있어요.

분광이라고 하는 이 방법을 이용해 물리학자들은 태양의 표면이 수소 70퍼센트, 헬륨 28퍼센트, 그 밖의 물질들 2퍼센트로 이루어져 있다는 것을 알아냈어요.

빛으로 더 연구하기

물리학자들은 별빛을 연구하고, 물리학 법칙들을 적용하며, 또한 엄청난 수학을 해냄으로써 별에 대해서 더 많은 것을 알아낼 수 있게 되었어요.

- 얼마나 멀리 있을까?
- 얼마나 빠르게 움직이고…
- 또한 어느 방향으로 움직일까?
- 얼마나 클까?
- 얼마나 밝을까?
- 얼마나 무거울까?
- 얼마나 뜨거울까?

별(항성)의 분류

1924년, 천문학자 애니 점프 캐넌은 별들의 빛 자국과 온도를 근거로 25만 개가 넘는 별의 목록을 만들었어요. 캐넌은 별을 7가지 주요 유형(O, B, A, F, G, K, M)으로 분류했는데, 이 분류는 지금까지 사용되고 있어요.

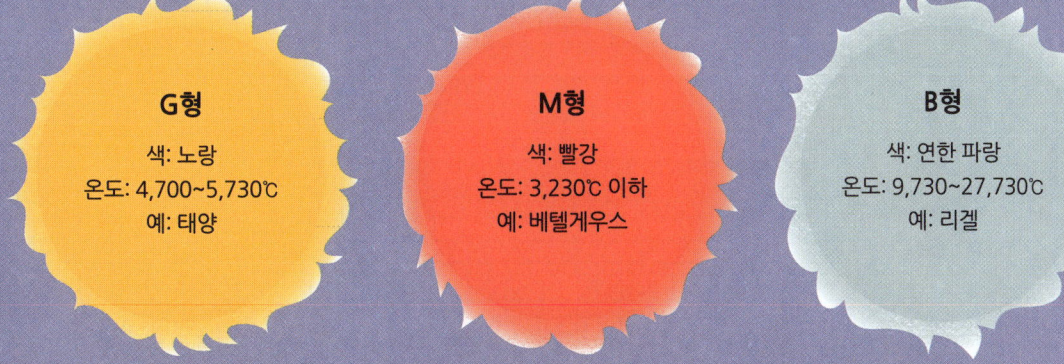

G형
색: 노랑
온도: 4,700~5,730℃
예: 태양

M형
색: 빨강
온도: 3,230℃ 이하
예: 베텔게우스

B형
색: 연한 파랑
온도: 9,730~27,730℃
예: 리겔

블랙홀

블랙홀은 우주에서 시공간이 무한히 휘어져 있는 곳이에요.
블랙홀 안에서는 중력이 너무 강해서 아무것도 빠져나올 수 없어요.
바로 우리은하의 중심에도 초거대질량 블랙홀이 있어요.

탈출 불가

행성이나 우주에 있는 어떤 천체에서 벗어나려면, 최소한의 속력이 필요해요.
이것을 **탈출 속도**라고 해요. 천체의 질량이 클수록 탈출 속도도 커지지요.
블랙홀은 엄청난 질량을 가지기 때문에 블랙홀의 탈출 속도는 빛의 속력보다 빨라야 해요.
그런데 어떤 것도 빛보다 더 빠르게 움직이는 것은 불가능하기 때문에
블랙홀을 탈출할 수 있는 것은 *아무것도 없어요.*

그런데… 우리은하 중심에 초거대질량 블랙홀이 있다면 우리는 왜 그리로 빨려 들어가지 않는 거죠? 빨려 들어가는 것이 맞지 않나요?

아니. 빨려 들어가지 않아. 블랙홀의 중력이 끌어당기려면 훨씬 더 가까이 가야 해. 실제로 블랙홀에 빨려 들어가려면 바로 옆에 있어야 할 거야.

그렇군요, 그렇다면 질문이 있어요. 블랙홀로 빨려 들어가면 어떻게 되는 거예요?

물리학자들도 정확하게 몰라. 하지만 좋게 끝나지는 않겠지.

사건의 지평선으로 다가가면 우리 시간은 빨라질 거야. 그런데 멀리서 지켜보는 사람에게는 우리 시간이 느려지는 것으로 보이게 돼.

이건 **상대성** 때문이지(45쪽을 보세요).

그러니까 사건의 지평선을 지나가면 우리는 순식간에 스파게티화가 진행될 거야.

스파게티화라고요? 그게 전문 용어예요? 혹시 내가 생각하는 그건가요?

둘 다 맞아! 중력이 우리의 머리와 다리를 반대쪽으로 당겨서 우리를 엄청나게 길고 엄청나게 얇은 국수처럼 늘어뜨릴 거야.

그렇게 되지 않는다면, 순식간에 죽겠지…

…하지만 걱정 마. 그러려면 아주 가까이 가야 하는데 지구에서 가장 가까운 블랙홀은 3,500광년 거리에 있으니까.

블랙홀 물리학

확립된 과학 이론에 따르면, 일반적인 물리 법칙들은 블랙홀 안에서는 무너져 버려요. 그러니까 블랙홀 안에서 정확하게 어떤 일이, 왜 일어나는지는 의문으로 남아 있어요. 물리학자들은 이 의문을 풀 수 있다면 우주에 대한 진실과 우주가 어떻게 작동하는지 이해할 수 있을 거라고 믿고 있어요.

우주의 종말

모든 것에는 끝이 있어요. 우주도 예외는 아니에요.
그런데 우주와 우주에 있는 모든 것이 언젠가는 죽을 것이라는 데에는
대부분의 물리학자가 동의하지만 *어떻게* 죽을지에 대한 생각은 같지 않아요.

열죽음

우주는 갑작스러운 팽창으로 시작되었고 그 후로 팽창을 멈춘 적이 없어요.
이렇게 팽창이 계속된다면 우주에 있는 모든 것이 점점 더 멀어질 거예요.
별들은 타서 없어지고 새로운 별은 태어나지 않을 거예요. 입자들은 결국 붕괴하겠지요.
마지막에는 모든 물질과 에너지가 똑같이 퍼질 거예요. 아무것도 상호 작용을 하지 않기 때문에
아무것도 변하지 않아요. 우주는 춥고, 어둡고, 아무것도 변하지 않는 죽음의 묘지가 될 거예요.
이것을 **열죽음**이라고 해요.

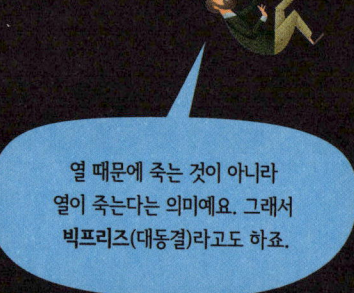

그런데 이것이 우주가 끝나는 유일한 방법은 아니에요.
이런 이론들도 있어요.

대파열(빅립)

우주가 팽창하면 서로 멀어지게 되는 것은 행성과 별들만이 아니에요. 결국에는 원자와 심지어 아원자 입자들까지도 서로 찢어지기 시작하고, 어쩌면 시공간 구조 그 자체도 찢어질 수 있어요.
이렇게 되면 모든 것이 찢어져 파괴될 거예요.

대함몰(빅크런치)

언제가 우주가 반대로 움직일 수도 있어요. 중력이 우주를 팽창시키는 힘을 이겨 우주가 고무 밴드처럼 되돌아가는 거예요.
모든 것이 결국에는 작고, 뜨겁고, 밀집된 한 점으로 모이는 거지요.
(어디서 본 이야기 같지 않나요? 계속 읽어 보세요.)

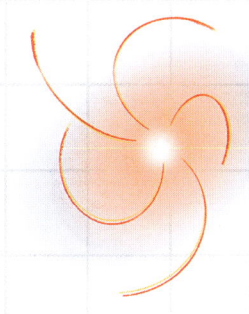

빅바운스

대함몰(빅크런치)이 일어난다면 남아 있는 밀집한 작은 점은 격렬하게 팽창해 물질의 재료들을 만들어 낼 거예요.
다시 말해서 *또 다른* 빅뱅이 일어난다는 말이지요.
이것은 이미 여러 번, 어쩌면 무수히 많이 일어났을 수 있고(우리가 알 수 있는 방법은 없어요.) 앞으로도 영원히 계속 일어날 수 있어요.

물리학자들은 현재로써는 열죽음과 대파열이 가장 가능성이 높은 시나리오라고 생각해요. 하지만 어떤 것이 진실이든 우주는 수십억 년, 심지어 수조 년 동안 종말을 맞이하지는 않을 거예요.

앞으로 우주에서 발견할 것에는
어떤 것이 남아 있을까요?

시간 여행은
가능할까요?

웜홀이 뭘까요?

물리학이 '모든 것'을
설명할 수 있을까요?

제7장
풀리지 않은 의문들

물리학은(일반적인 과학도 마찬가지지만) 대부분
어떤 일이 *어떻게*, 그리고 *왜* 일어나는지 궁금해하는 학문이에요.
우리가 이 세계에 대해, 그리고 우리가 살고 있는 우주에 대해
아무리 많이 알고 있다 해도, 여전히 우리가 '전혀' 이해하지 못하는
세부 사항들이 많이 있을 거예요.

실험실에서 실험을 하든, 컴퓨터로 자료를 분석하든,
혹은 우리 주변의 세계를 단순히 관찰하든,
물리학자들은 진실에 조금 더 다가가기를 희망해요.
물리학자들은 모든 것이 무엇으로 이루어져 있는지,
왜 어떤 일이 그런 식으로 일어나는지,
그리고 이 모든 것이 어떻게 연결되는지 알고 싶어 해요.

이런 일이 재미있을 것 같다면 '여러분'도 물리학자가 될 수 있어요.

우주여행

인류가 가장 멀리까지 가 본 곳은 달이에요.
현재의 기술로(또한 *엄청난* 비용을 써서) 우주 비행사는 7개월쯤 걸려
화성에 갈 수 있어요. 그런데 달보다 *더* 멀리 갈 수도 있을까요?

지금까지 우리가 만들어 낸 가장 빠른 로켓으로는 태양 다음으로 우리에게 가까운 별인 *프록시마 센타우리*까지 가는 데 수천 년이 걸릴 거예요.

하지만 그렇게 해서 가려고 해도, 거기에 필요한 만큼의 연료가 존재하지 않아요.

그러니까 우리가 다른 별로 여행을 가려면 우주선을 만드는 데 획기적인 기술이 필요해요.

물리학자들이 크게 네 가지 기술을 연구하고 있다고 들었어요. 다음과 같은 기술들이죠.

핵융합 엔진

- 탑재된 핵융합로를 이용

승무원 / 엔진

장점: 빛의 속력의 10퍼센트까지 낼 수 있어서 *프록시마 센타우리*까지의 여행 시간을 42년으로 줄일 수 있어요.

단점: 현재의 기술로는 핵융합을 하는 데에 핵융합이 만들어 내는 것보다 더 많은 에너지가 필요해요.

빛을 이용한 추진

- 레이저, 입자 가속기, 또는 태양 에너지를 우주선의 돛으로 모아서 추진력을 얻음.

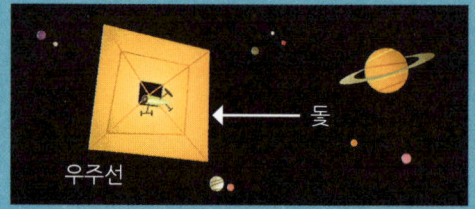

우주선 / 돛

장점: 연료를 가져갈 필요가 없어요.

단점: 충분한 속력을 얻으려면 돛이 상당히 '커야' 해요. 그렇게 거대한 돛을 어떻게 우주로 보낼지는 아직 아무도 알아내지 못했어요.

반물질 추진

- 물질과 반물질의 충돌로 추진
(112쪽에서 더 살펴볼 거예요.)

장점: 빛의 속력의 90퍼센트까지 낼 수 있어서 프록시마 센타우리까지 4.6년 만에 갈 수 있어요.

단점: 물리학자들은 아직 필요한 양만큼 반물질을 만들고 보관하는 방법을 몰라요. 게다가 안전하게 하는 방법도요.

알큐비에레 워프 항법

- 우주선을 추진하는 대신 우주선 주위의 공간을 휘어지게 해서(워프 항법) 여행하는 전체 거리를 줄임.

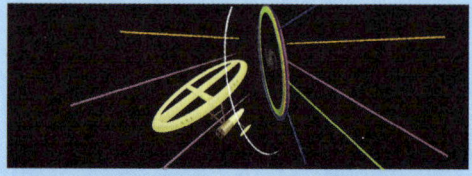

장점: 여행 시간을 몇 시간 정도로 줄일 수 있어요.

단점: 어떻게 하는지 아직 아무도 몰라요. 이 개념의 이름은, 이것이 이론적으로 가능하다는 것을 보여 준 물리학자 미구엘 알큐비에레의 이름을 따서 지었어요.

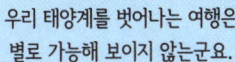

지름길로 가기

우주선이 빛보다 더 빠르게 움직일 수 있다면, 별에서 별로 여행하려고 할 때 생길 수 있는 많은 어려운 점이 해결될 수 있어요. 하지만 그건 불가능해요… 그렇지 않나요?
어쩌면 그렇기도 하고 아니기도 해요. 이론물리학에서는 **웜홀**이 존재할 수도 있다고 보아요.
웜홀은 멀리 떨어져 있는 두 지점을 연결하는 시공간의 지름길이에요.

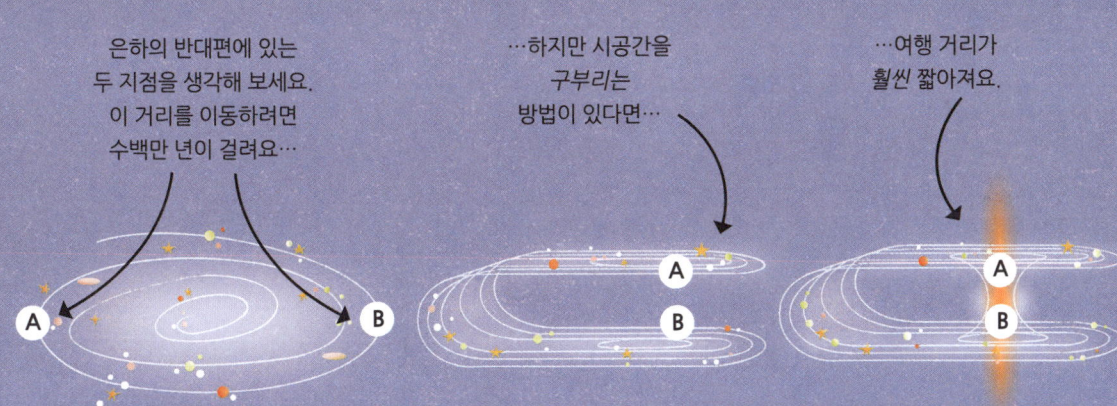

실제로 빛보다 빠르게 *움직이*는 것은 아니지만,
'평범한' 경로로 빛이 가는 것보다 더 빠르게 목적지까지 갈 수 있어요.
그런데 이때는 *공간*만 통과하는 것이 아니라 *시간*도 통과해서 이동하게 될 거예요.

시간 여행

우주는 그냥 공간이 아니라 *시*공간이에요. 웜홀의 반대편 끝은 다른 공간과 *시간*에 존재하는 지점이에요. 그래서 웜홀을 통과하는 것은 공간뿐만이 아니라 시간에서도 앞뒤로 이동할 수 있다는 것을 의미해요.

물리학과 철학

시간 여행에는 또 다른 큰 문제가 있어요. 그게 논리적으로 불가능해 보인다는 거예요. 이 말은 곧, 물리학에서 어떻게 표현하든지 시간 여행은 그냥 *불가능하다는* 뜻이에요. 이런 일은 물리학이 아니라 철학의 영역이라고 생각할 수도 있겠지만, 가끔은 철학적인 생각을 조금쯤 하지 않으면 물리학을 할 수가 없어요.

이런 예를 생각해 보세요.

젠의 알람 시계는 배터리가 다 돼서 울리지 않아요. 그래서 늦잠을 자 시험을 치르지 못해요.

괜찮아요! 나는 타임머신을 타고 어제로 돌아가 배터리를 교체할 거예요.

젠은 새 배터리라고 생각한 것으로 교체를 해요. (사실은 오래된 죽은 배터리예요.)

이 이야기에서 젠은 어떤 일이 일어나는 것을 막기 위해서 과거로 돌아가요. 하지만 그렇게 함으로써, 사실은 자기가 피하려고 했던 상황이 일어나게 만들지요. 그러니까 젠은 알람 시계를 꼭 울리려고 했기 때문에 알람 시계가 울리지 *않았어요*. 이것을 **역설**이라고 해요. 젠이 한 일은 이해할 수 있지만, 이해할 수 없는 결과가 생겼어요.

그런데 만일 젠이 과거로 돌아가지 않았다면 알람이 울렸을 것이고, 애초에 시험을 놓치지 않았을 거예요.

맞아요!

모르겠어요. 말이 안 돼요.

그렇죠. 그게 문제예요. 그런데 시간 여행에서는 원론적으로 이런 종류의 문제를 없앨 수가 없어요.

그러니까 시간 여행에 대한 모든 것은 비논리적이고… 그래서 불가능하다는 거죠.

시간 여행은 그럴듯해 보이지만 문제가 많아요. 하지만 적어도 물리학 법칙으로는 *불가능하지 않아요*. 그러면 언젠가는 가능할까요? 두고 보면 알겠지요.

물질과 반물질

아원자 입자를 수학적으로 연구하던 물리학자들은
자신들의 방정식이 알 수 없는 무언가를 예측한다는 사실을 발견했어요.
바로 어떤 입자의 존재였는데, 물리학자들은 그것을 **반물질**이라고 불렀어요.

그 방정식들은, 표준 모형의 '모든' 입자는
반대되는 **반물질** 짝을 가져야 한다는 것을
나타냈어요.

1955년부터 물리학자들은
소량의 반물질을 실험실에서 만들어 왔어요.
하지만 반물질은 오래 유지되지 못했어요.

반물질 입자들은
자신들의 물질 짝과 같은 질량을 가지지만
여러 면에서 반대예요.
예를 들어, 반물질은 *반대* 전하를 가져요.

위험성: 쉽게 소멸함

반물질은 매우 희귀해요. 아주 적은 양을 만드는 데에도 엄청난 양의 에너지가 필요하고,
보관하는 것은 더 어려워요. 반물질이 보통 물질과 접촉하면 둘 다 **소멸**해 버리기 때문이에요.

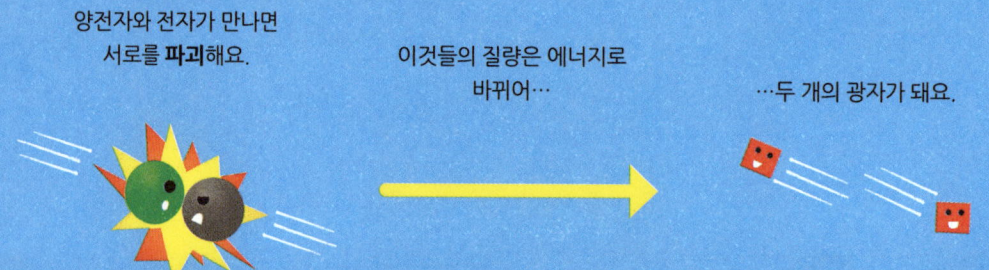

양전자와 전자가 만나면 서로를 **파괴**해요.

이것들의 질량은 에너지로 바뀌어…

…두 개의 광자가 돼요.

소멸의 종류에 따라 다른 입자들이 만들어져요. 모든 소멸은 많은 양의 에너지를 만들어요.
겨우 0.25그램의 물질이 0.25그램의 반물질과 만나면 작은 핵폭탄과 같은 에너지를 만들수 있어요.
이런 일을 안전하게 해낸다면, 엄청난 양의 에너지를 만드는 방법으로 쓸 수 있어요.

반물질은 모두 어디에 있을까요?

물리학의 가장 큰 의문 중 하나는, 우주에 왜 물질은 *그렇게 많고* 반물질은 *그렇게 없느냐* 하는 거예요.

우리가 이해하는 바로는, 빅뱅은 같은 양의 물질과 반물질을 만들어야 해요…

…그리고 그것들이 서로 소멸해서 우주는 에너지로만 가득 차 있어야 해요.

그런데 우주는 젖소에서부터 은하에 이르기까지 모든 것을 만드는 물질로 '가득'하고 반물질은 전혀 볼 수 없어요. 어떻게 된 거예요?

사람들이 생각하는 것보다는 반물질이 많아요. 반물질은 우주에서 항상 만들어져요. (그리고 바로 소멸해요.) 심지어 지구의 상층 대기에서도 만들어져요.

어떤 팟캐스트에서 *은하 전체가* 반물질로 이루어진 경우가 있다고 들었어요. 그게 사실이라면 우리가 아직 발견하지 못한 것이군요.

글쎄요, 우리는 반물질이 물질과 다른 점 하나를 발견했어요. 반물질은 *약한 핵력*의 영향을 다르게 받는 것처럼 보여요. (62쪽을 보세요.)

그게 작은 단서가 될 것 같아요. 약한 핵력에 대해서 우리가 좀 더 알게 된다면, 우주의 새벽에 반물질에 무슨 일이 일어났는지 의문을 풀 수 있을 거라고 생각하세요?

아마도요. 하지만 빅뱅 도중이나 직후에 다른 일이 일어났을 수도 있어요. 그게 뭔지는 전혀 모르지만요!

정말 답답하겠군요.

사실은 약간 흥분돼요! 의문을 해결하는 것이 내가 물리학자가 된 이유거든요.

113

우주는 무엇으로 이루어졌을까요?

우주에서 우리가 직접 관측할 수 있는 모든 것은 양성자와 중성자, 전자의 묶음인 원자로 이루어져 있어요. 하지만 이것은 우주에 있는 질량 중 5퍼센트밖에 차지하지 않아요. 그러면 나머지는 무엇일까요? 알기도 어렵고 보이지도 않아요.

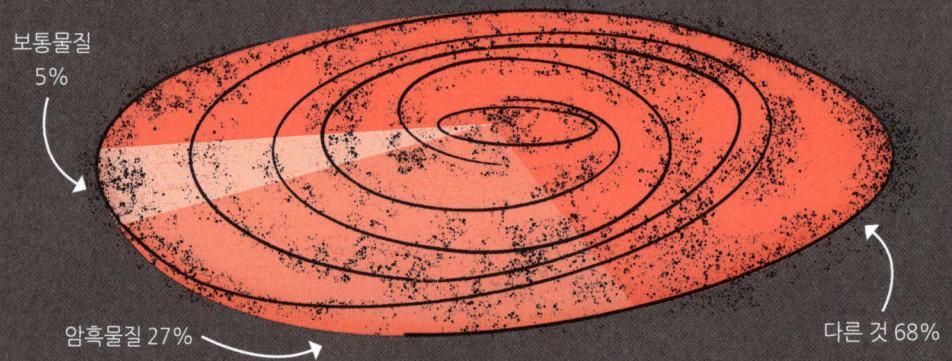

보통물질 5%

암흑물질 27%

다른 것 68%

평범하지 않은 물질

물리학자들은 우주의 약 27퍼센트를 '**암흑물질**'이 차지하고 있다고 생각해요.
암흑물질은 '보통물질'과 직접 상호 작용하지 않아요.
그리고 전자기 스펙트럼의 어떤 것과도 상호 작용하지 않아요(37쪽을 보세요).
그래서 지금까지 우리가 발명한 어떤 기기를 이용해도 직접 관측하는 것이 불가능해요.

그러면 그게 정확하게 뭐예요?

우리도 몰라요. 기체나 블랙홀이 아니라는 건 알아요. 아마도 아직 발견되지 않은 새로운 기본 입자가 아닐까요? 하지만 그게 무엇이든 물리학자들은 암흑물질이 우주 어디에나 있다고 생각해요.

좋아요. 그러면 직접 관찰할 수가 없는데 물리학자들은 왜 그게 존재한다고 생각하죠?

암흑물질은 물리학자들이 이해하고 있는 법칙들에 들어맞지 않는 많은 것을 설명해 줄 수 있기 때문이죠. 주로 중력과 관계된 거예요. 예를 들면…

은하 중력의 문제

대부분의 별들은 **은하**라는 거대한 집단 안에 존재해요.
별들을 기체와 먼지, 얼음, 그리고 다른 조각들과 함께 은하에 묶어두는 것은 **중력**이에요.
아주 큰 물체들은 중심의 둘레를 회전하는 경향이 있어요.
현재의 이론들에 따르면, 중심에서 멀수록 더 느리게 회전해야 하지요. 그런데 그렇지 않아요.

혹시… 우리은하에 다른 중력원이 있는 것이 아닐까요?

어쩌면요. 중력원이 우리은하 *안*에 있는 것이 아니라 헤일로*처럼 은하를 *둘러싸*고 있다는 이론이 있어요. 그렇다면 별들이 회전하는 방식도 설명될 수 있어요.
*헤일로: 은하를 둘러싸고 있는 가스와 기체의 고리.

오, 재미있는 아이디어네요. 그 말대로 헤일로가 **암흑물질**로 이루어져 있다고 생각해 보아요.

좋아요! 이론에서는 이 암흑물질은 *보통물질*과 중력으로 상호 작용해요. 그 과정을 자세히 관측할 수 있는 방법만 찾으면 돼요.

우리은하

암흑물질 헤일로

은하의 중력 헤일로가 진짜로 있다면, 몇 가지 다른 의문도 설명할 수 있을 거예요.

예를 들면 은하들이 흩어지지 않는 이유, 그리고 흥미로운 중력렌즈 효과 같은 것 말이에요.
(51쪽을 보세요.)

우주를 이루고 있는 다른 것은 무엇일까요?

솔직히, 우리도 몰라요. 현재의 이론들에 따르면 우주는 팽창을 멈추었어야 했는데 그러지 않았어요. 사실은 이전보다 더 빠르게 팽창하고 있어요. 이것을 어떻게든 설명하기 위해서 물리학자들은 **암흑 에너지**라는 미지의 요소를 도입했어요. 최근 뮤온을 연구하는 사람들이 암흑 에너지에 대한 약간의 단서들을 발견했지요. 하지만 그 단서들은 관측한 기기들의 오류 때문에 생긴 것으로 밝혀질 수도 있어요. 그러니까 여전히 우리는 제대로 알지 못해요.

모두 모아서

물리학자들의 꿈은 **통합 이론**이에요. 모든 것을 설명할 수 있는 단 하나의 이론 말이에요. 물리학자들은 꽤 많이 나아갔지만, 문제에 부딪혔어요.

우리는 지금 우주를 멋지게 설명하는 두 이론을 가지고 있어요.

그런데 그 두 이론이 서로 잘 맞지 않아요.

일반상대성이론   대   양자역학

중력, 행성, 은하, 그리고 우주에 있는 무거운 물체들을 설명해요.

물질을 구성하는 아주 작은 입자들과 그 입자들 사이의 상호 작용을 설명해요.

양자역학이 많은 것을 설명할 수 있다고 하시는군요. 하지만 암석이나 사람, 행성과 같이 일상생활에서 중력이 영향을 미치는 물체들을 이야기할 때는 양자 효과가 사라져요.

하지만 일반상대성이론의 방정식들은 양자 수준의 물체에 적용하면 말이 안 되는 답을 내놓잖아요.

그런데 중력은 '모든' 물질에 적용되고, 모든 물질은 기본 입자들로 이루어져 있으니까… 두 이론은 **반드시** 어떻게든 같이 작동해야 해요.

우리가 뭔가 빠뜨리고 있거나, 두 이론 중 하나가 틀린 거예요. 둘 다 아주 잘 작동하지만 말이에요!

만약에…?

수많은 '모든 것의 이론'은 표준 모형의 기본 입자들이 뭔가 훨씬 더 작은 것으로 만들어졌을 거라고 예측해요. 이 작은 물체들의 존재가 증명된 적은 없지만, 물리학자들은 이것이 무엇인지에 대해 몇 가지 아이디어를 가지고 있어요.

끈 이론

아이디어: 모든 입자는, 적어도 표준 모형에서 설명하는 입자들은 사실 다양한 주파수로 진동하는 에너지의 작은 '끈'이다.

이건 기타와 비슷해요. 줄의 길이를 바꾸면 진동하는 주파수가 달라져서 음이 달라지죠.

장점: 끈 이론의 수학은 일반상대성이론과 양자역학을 모두 설명할 수 있어요.

단점: 이 이론은 우주가 최소한 11차원으로 이루어져 있다고 말해요. 하지만 우리가 발견한 증거는 4차원뿐이에요. 높이, 너비, 깊이, 그리고 시간이죠.

사실 많은 물리학자가 끈 이론이 멋있어 보인다고 생각은 하지만, 믿지는 않아요.

과학자들이 끈을 직접 관측하려면 오늘날 우리가 만들 수 있는 것보다 훨씬 더 강력한 입자 가속기를 만들어야 해요. 많은 물리학자에게 통합 이론은 수학적인 사고 실험을 넘어서지 못하고 있어요. 어떤 것도 실험을 하는 것은 불가능하지요… **아직은요.**

더 알고 싶은가요?

우주에 대해서는 우리가 알고 있는 것보다 '모르는' 것이 더 많아요.
이 도표에서 여러분이 가장 관심 있는 물리학 분야를 찾아보세요.
언젠가는 여러분이 물리학의 의문을 해결하는 데 중요한 역할을 할 수도 있어요.

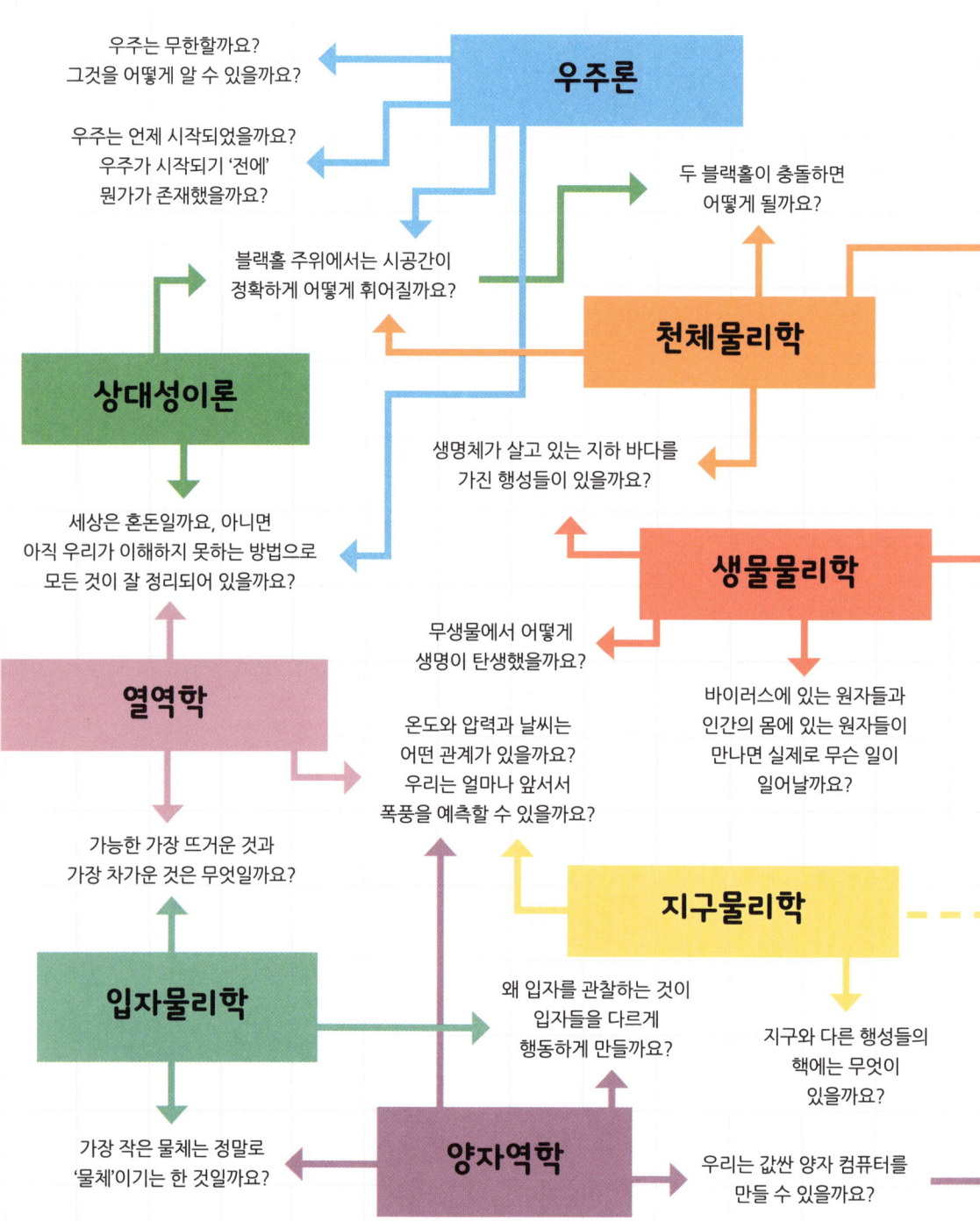

우리는 더 나은 세상을 만들 수 있을까요?

물리학자들은 세상에 대한 온갖 종류의 질문에 답을 할 뿐만 아니라 특별한 문제를 해결하는 데에도 도움을 줘요. 공학자들은 물리학의 모든 분야에서 이루어 낸 발견과 방정식들을 이용해 실용적인 발명품을 개발하고 만들어요.

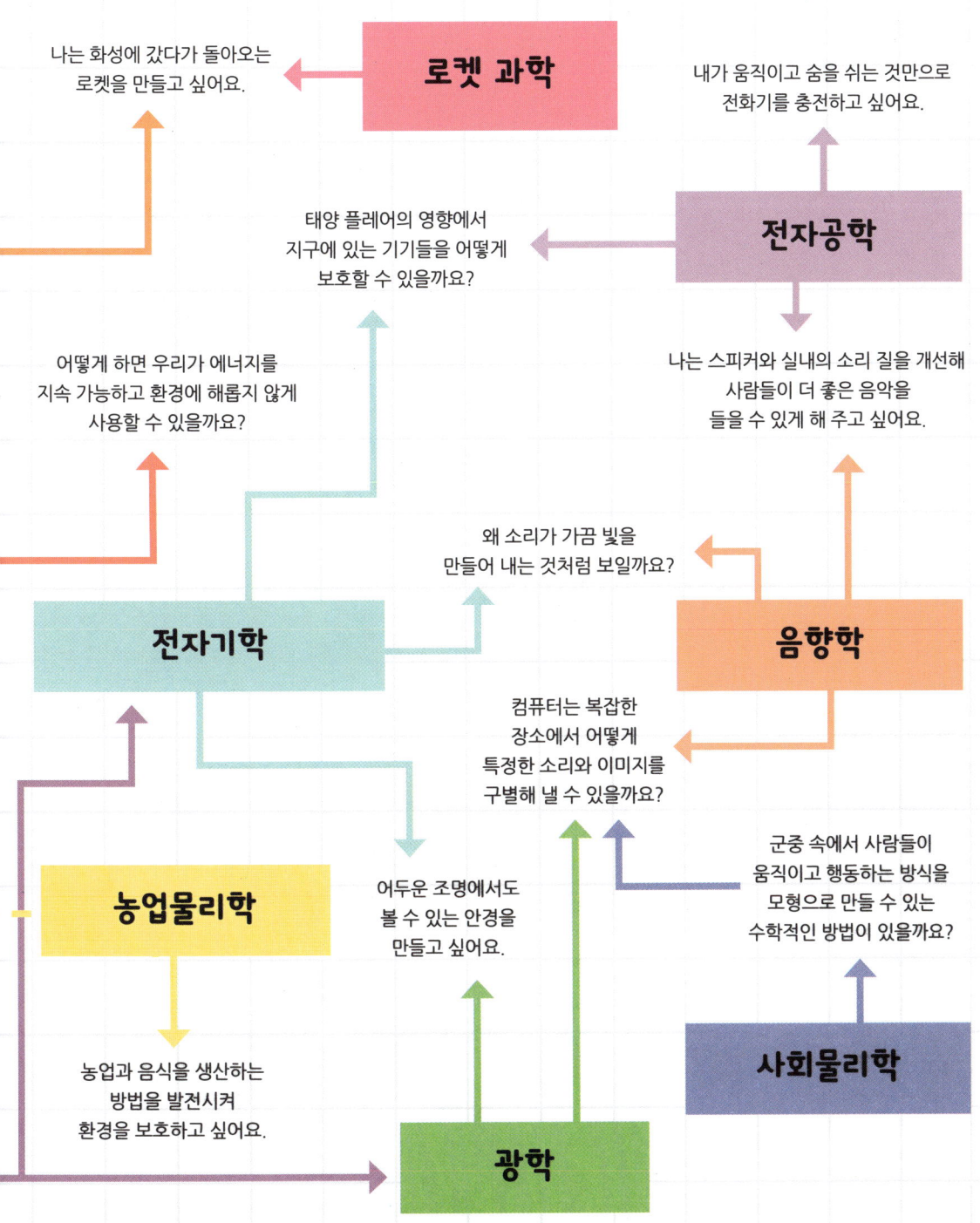

직접 물리학을 해 볼 수 있어요

물리학자들은 어떤 일이 '어떻게' 그리고 '왜' 일어나는지 질문하고 자신의 아이디어를 검증하기 위해서 실험을 해요. 여러분도 이런 일을 할 수 있고, 대단한 기기가 필요하지도 않아요. 책을 읽거나, 정원에 물을 주거나, 영화를 보거나, 혹은 박물관을 둘러보다가 아이디어가 갑자기 떠오를 수도 있어요.

상대성이론

내가 10시간 동안 비행을 했기 때문에 내 시계는 네 것보다 0.05초 더 빨라.

와! 저 사람의 시간이 더 빨리 갔군…

미래로 갈 수 있다면 과거로 가는 것도 가능할지 모르지…

양자역학

아, 어디로 가야 하지?

두 길을 동시에 갈 수만 있다면.

그렇지, 아원자 입자들은 그렇게 할 수 있잖아. 우리가 그걸 할 수 있는 아주 작은 양자 로봇을 만들 수만 있다면…

여러분 차례예요

집에 앉아 있거나, 산책을 하거나, 일을 하거나, 친구들과 놀고 있거나… 어디에 있든지 주위를 둘러보세요. 여러분이 보는 거의 모든 것은 물리학으로 설명할 수 있어요.
하지만 설명하지 못하는 게 여전히 훨씬 더 많아요.
그래서 물리학이 '놀라운' 학문이 될 수 있는 거지요.

낱말 풀이

다음은 이 책에 나온 주요한 단어들의 뜻을 설명한 거예요. *이탤릭체*로 쓰인 단어는 이 낱말 풀이 안에 설명되어 있는 단어라는 것을 의미해요.

가시광선 전자기 스펙트럼에서 사람의 눈에 보이는 부분.

강한 핵력 원자의 핵을 묶어 주는 힘.

관성 물체에 힘이 작용하지 않으면 정지해 있거나 일정한 속력을 가지는 경향.

광자 빛과 *전자기 스펙트럼*의 *기본 입자*.

글루온 *원자*가 유지되게 해 주는 *기본 입자*.

기본 입자 상호 작용하여 *물질*과 *에너지*를 만들어 내는 우주의 가장 작은 구성 요소.

마찰력 두 물체가 서로 반대로 움직여서 생기는 저항.

물질 *원자*로 이루어진 모든 것.

뮤온 전자와 비슷하지만 질량이 더 큰 *기본 입자*.

밀도 물체 안에서 *원자*들이 얼마나 단단하게 모여 있는지를 말하는 것.

방사성 불안정한 *원자*가 약한 핵력을 통해 안정된 *원자*로 붕괴하는 성질.

블랙홀 큰 별이 죽을 때 남는 *시공간* 구조의 구멍.

빅뱅 우주의 팽창을 일으킨 사건.

시공간 공간의 차원(높이, 너비, 깊이)과 시간으로 이루어진 우주의 구조.

암흑물질 우주의 27퍼센트를 구성하고 있는 알려지지 않은 형태의 물질.

약한 핵력 W 보손을 방출해 *방사성 원자*를 안정되게 만들어 주는 *힘*.

양성자 *원자*의 핵에서 양의 *전하*를 가지는 부분.

양자 가능한 가장 작은 양의 *에너지*. 모든 아원자 입자들은 서로 다른 유형의 *에너지* 양자임.

양자역학 *기본 입자*들의 행동을 설명하는 물리학의 한 분야.

에너지 물질이 움직이거나 변하는 능력.

엔트로피 질서에서 무질서로 이동하려는 경향.

우주 아주 작은 *기본 입자*에서부터 거대한 은하에 이르기까지 우리가 보고, 느끼고, 알아차릴 수 있는 모든 것.

우주배경복사 빅뱅이 남긴 엄청난 열의 잔해.

운동량 어떤 물체가 움직이는 속력과 방향.

운동에너지 움직이는 물체의 *에너지*.

원자 물질을 만드는 입자들의 모임.

이론 사람들이 지금까지 발견한 것에 근거해 어떤 일이 왜 일어나는지 설명하는 것.

일반상대성이론 중력을 *시공간*의 휘어짐으로 설명하는 *이론*.

입자 가속기 물질을 쪼개어 *기본 입자*들을 연구하는 데 사용되는 기계.

적색 이동 움직이는 광원에서 나오는 빛의 주파수가 변해 색이 바뀌는 현상.

전자 원자의 주위를 도는, 전류를 일으키는 음의 전하를 가진 기본 입자.

전자기 스펙트럼 진동하는 광자들 때문에 생기는 전자기파의 범위.

전자기력 전기와 자기로 생기는 힘을 통틀어 이르는 말.

전하 어떤 종류의 입자들이 가질 수 있는 성질로 '양'이나 '음'으로 표현되는 것.

주파수 에너지원에서 1초마다 방출되는 파동의 수.

중력 물질을 서로 끌어당기게 하는 힘.

중성자 원자의 핵에서 전하가 중성인 부분.

질량 어떤 물체가 가지고 있는 물질의 양.

쿼크 양성자와 중성자를 이루고 있는 기본 입자.

태양계 태양 주위를 도는 행성과 다른 천체들의 모임.

특수상대성이론 시간과 공간을 시공간으로 연결시키는 이론으로, 빛의 속력을 가능한 가장 빠른 속력으로 생각함.

파장 파동에서 높은 두 지점 사이의 거리.

표준 모형 알려진 모든 기본 입자와 입자들 사이의 상호 작용을 설명하는 이론.

핵 원자의 중심.

핵분열 원자의 핵이 쪼개지면서 에너지를 방출하는 것.

핵융합 원자의 핵이 융합하면서 에너지를 방출하는 것.

힉스 보손 모든 물질에게 질량을 주는 기본 입자.

힘 밀거나 당겨서 물체를 움직이거나 변화시키는 것.

$E = mc^2$ 물질과 에너지가 같은 것이라는 점을 보여 주는 방정식.

W 보손 방사성 원자를 안정되게 만들어 주는 기본 입자.

찾아보기

ㄱ

가속도 17
가시광선 37, 38~39, 87, 100
간섭 무늬 79, 81
감마선 37, 39, 40, 41
강한 핵력 59, 60, 65, 68, 72
고전역학 8
관성 16~17
광자 65, 69, 70, 76, 78~79, 80~83, 89, 112
광전 효과 78~81
광학 8, 119
글루온 65, 68
기본 입자 65~67, 70, 86, 114, 116, 117
끈 이론 117

ㄴ

높낮이 32, 33
뉴턴의 운동 법칙 19, 20, 86, 97
니콜라우스 코페르니쿠스 96~97

ㄷ

달 6, 14, 40, 50, 51, 99, 108
대기 27, 38, 40, 41, 46, 97, 113
데모크리토스 6
도플러 효과 33
두 개의 틈새 실험 79, 81

ㄹ

렙톤 65, 69
로켓 8, 23, 27, 108, 119
　*연관 개념: 우주여행

ㅁ

마리 퀴리 7, 57, 62
마이크로칩 41
마이크로파 38, 41
마이클 페러데이 36
마찰력 14, 26
망원경 8, 40, 98
메아리 33
물리학과 철학 110~111
물질 4~5, 6, 9, 13, 20, 21, 22, 23, 24~25, 39, 41, 48, 58, 63, 68, 87, 100~102, 104, 105, 108, 112~113, 114, 116
뮤온 46, 65, 115
밀도 25, 39, 95

ㅂ

반물질 108, 112~113
방사능 7, 9, 56, 57, 62~63
방사선 41, 62~63
　*연관 개념: 우주배경복사
방사성 붕괴 62~63, 69
방사성 입자 60, 63
방정식 13, 48, 51, 112, 116, 119
베타 입자 62, 69
변수 11
별 4, 6, 8, 20, 44, 47, 51, 54, 72~73, 95, 96, 98, 99, 100~101, 104, 105, 108, 109, 115
별빛 100~101
별의 분류 101
보손 65, 69, 71
　힉스 보손 71
분광 101
분광기 100
블랙홀 9, 54, 55, 92, 93, 102~103, 114, 118
빅뱅 94~95, 105, 113

빛   7, 8, 10~12, 28, 29, 33, 37, 39, 40, 44, 51, 52, 55, 73, 78~81, 82, 94, 100~101, 102, 109, 119~120
  빛의 속력   37, 43, 44~45, 46, 47, 48, 64, 68, 102, 108
  빛의 스펙트럼   37, 38~39, 41
  빛의 파동   29, 31, 33, 37~40, 78~81, 87, 94
  빛 자국   100~101
  *연관 개념: 가시광선, 빛에너지

ㅅ

사건의 지평선   102, 103
셴 쿠오   7
속력   13, 15, 16~17, 27, 67, 82, 96, 98
순간 이동   89
스파게티화   103
시간   9, 13, 31, 40, 42, 43, 44~47, 49, 52~53, 75, 94, 103, 109, 117, 121
시간 여행   47, 106, 110~111
시공간   9, 45, 49~52, 54, 55, 102, 105, 109, 110, 118
실험   7, 10~12, 13, 41, 49, 54, 55, 79, 107, 117, 120
실험적인 방법   12

ㅇ

아리아바타   7
아이작 뉴턴   7, 19, 20, 39, 49
알베르트 아인슈타인   20, 42, 43~45, 48~52, 75, 78, 79
암흑물질   114~115
암흑 에너지   115
약한 핵력   62, 69, 73, 113
양성자   34, 46, 58~60, 62, 64, 65, 66, 68, 69, 72~73, 76, 94, 95, 114
양자 얽힘   88~91

양자 컴퓨터   74, 90~91, 118
양자 터널 효과   86~87
양자역학   9, 13, 67, 75, 76~77, 80, 85~91, 116, 117, 118, 121
에너지   4, 5, 8, 9, 13, 22~24, 25, 27, 30, 37, 41, 46, 48, 59, 60~63, 67, 68, 69, 71, 72~73, 78, 80, 82, 94, 104, 108, 110, 112, 113, 115, 117, 119
  빛에너지   5, 23, 80
  소리에너지   23
  열에너지   5, 23, 80
  운동에너지   5, 22, 23, 27
  원자력 에너지   9, 60
  전기에너지   23
  화학에너지   5, 23
엑스선   9, 39, 41, 63
엔트로피   24
역설   111
연쇄 반응   60~61
열역학   8, 24, 118
열죽음   104, 105
요하네스 케플러   97
용해   61
우주배경복사   95
우주여행   27, 47, 108~109
우주선   27, 40, 47, 108~109
  우주 탐사선   63, 98~99
우주의 시작   94~95
우주의 종말   104~105
운동량   17, 21, 22
  *연관 개념: 운동에너지
원자   4, 9, 22, 24, 34, 37, 46, 55, 56, 57, 58~61, 62, 63, 66, 67, 68, 69, 72~73, 76, 80, 81, 82, 87, 94, 95, 105, 114, 118
원자 폭탄   61
웜홀   106, 109, 110
위성   53, 63, 89, 91, 98~99

유선형 26~27
은하 9, 40, 88, 92, 95, 99, 102, 103, 109, 113, 115, 116
음파 31, 32~33
음향학 8, 119
이븐 시나 7
이븐 알하이삼 7
일반상대성이론 49~55, 116, 117
입자 9, 25, 26, 32, 33, 34, 37, 41, 46, 57, 58, 59, 60, 62, 63, 64~71, 72, 74, 76~86, 88~90, 95, 104, 105, 108, 112, 114, 116, 117, 118, 121
입자 동물원 65
입자물리학 9, 57~73, 118

ㅈ

자기력 5, 36
자기 부상 열차 5, 8
자석 5, 7, 8, 35, 36, 59, 64, 88
자외선 29, 39, 41
장 70~71
   자기장 8, 33, 35, 36, 37, 67
   전기장 33, 35, 37
   힉스장 71
적색 이동 94, 95
적외선 29, 38, 41
전기 7, 8, 23, 33~37, 61, 64
   정전기 34~35, 120
전류 36, 87
전자 33, 34~37, 58, 59, 62, 66, 69, 70, 76, 78~83, 87, 112, 114
전자기력 59, 69, 70
전자기 스펙트럼 37, 114
전자기파 37, 40
전파 29, 37, 38, 40, 41, 98
전하 34~35, 41, 58~59, 62, 67, 69, 87, 112
제임스 클러크 맥스웰 37

주파수 31~33, 37, 41, 78, 79, 117
중력 5, 7, 19, 20~21, 27, 42, 49, 50, 53, 54~55, 59, 69, 76, 98, 102, 103, 105, 114, 115, 116
   연관 개념: 중력파
중력렌즈 51, 115
중력자 65, 69
중력파 54~55
중성자 34, 58, 60, 62, 64, 65, 66, 68, 69, 73, 94~95, 114
중첩 상태 83, 90, 91
지구 7, 8, 14, 16, 19, 20, 21, 27, 38, 40, 41, 46, 47, 50, 53, 54, 55, 63, 73, 89, 96, 97, 98~99, 103, 113, 118, 119
진동 29~33, 38, 78, 117
진폭 31~32
질량 20, 48, 50, 52, 53, 67, 70, 71, 102, 112, 114

ㅊ

청색 이동 94
추진력 17~18
충돌기 64, 65, 71, 95
   입자 가속기 64, 71, 95, 108, 117

ㅋ

카이퍼 벨트 99
컴퓨터 9, 53, 74, 87, 89, 90~91, 107, 118, 119
쿼크 65, 67, 68~69, 70, 76, 94
큐비트 90~91

ㅌ

탈출 속도 102
태양 6, 16, 19, 20, 22, 41, 46, 50, 51, 58, 59, 63, 73, 96~99, 101, 108, 119

태양계 58, 96~99, 109
테라헤르츠파 41
특수상대성이론 45~49, 52
특이점 102
   최초의 특이점 94

ㅍ

파동 28~41, 54, 78~81, 87, 94
파동 함수 83~85, 86, 89, 91
파동-입자 이중성 81~83
파장 31, 37, 38~39, 40, 79, 82, 87, 94, 100, 101
표준 모형 65~71, 112, 117
프리즘 38~39

ㅎ

하이젠베르크의 불확정성의 원리 82
한스 크리스티안 외르스테드 7

핵 9, 34, 57, 58~60, 61, 62, 64, 66, 68, 69, 73, 80, 82, 112, 118
핵물리학 57~73
핵분열 60~61, 73
핵융합 72~73, 108
행성 8, 9, 14, 19~21, 44, 54, 58~59, 76, 89, 93, 95, 96~99, 102, 105, 116, 118
현미경 4, 67, 76, 87
혼돈 24, 118
히파티아 6
힉스 보손 65, 71
힘 4, 5, 8, 15~27, 35, 49, 50, 59, 61~62, 64, 65, 68, 69, 70, 105, 120
  *연관 개념: 중력, 자기력

$E = mc^2$ 42, 48
GPS 53
LIGO 55

물리학과 관련된 직업

물리학을 공부하면 대학교와 실험실에서 연구하는 일뿐만 아니라
우주의 신비를 탐험하는 등 다양한 일을 할 수 있어요.

건축가 온갖 종류의 건물을 설계해요.

공학자 다리와 로켓, 또는 컴퓨터 프로그램과 같은 것을 설계하고 계획하고 만들어요.

과학 기자 과학의 새로운 발견을 과학자가 아닌 사람들이 이해할 수 있는 방법으로 조사하고 설명해요.

기계공학자 온갖 종류의 기계를 설계하고 수리해요.

기상학자 날씨를 연구하고 예측해요.

범죄 수사 과학자 형사와 변호사들과 함께 범죄 현장에서 무슨 일이 일어났는지 조사해요.

변리사 새 발명품이 이전의 발명품과 다른 새로운 것인지 조사하고 확인해요.

시스템 분석가 컴퓨터나 사람들의 집단이 잘 작동하도록 분석하고 설계하고 조직해요.

신경과학자 뇌가 어떻게 작동하는지 가장 작은 수준에서 연구하고 모형을 만들어요.

임상과학자 의사들과 함께 의료 기술을 개발하고 검증해요.

이 책을 만든 사람들

레이첼 퍼스, 미나 레이시, 대런 스토바트
글

엘 프리모 라몬
그림

알렉스 프리스
편집

제이미 볼
디자인

제인 치즘
시리즈 편집

데이지 시어러
(영국 서리대학교 첨단기술연구소 물리학 석사)
감수

스티븐 몬크리프
시리즈 디자인

어스본 출판사는 어스본 바로가기에서 추천하는 웹 사이트들을 규칙적으로 확인하고 있습니다. 하지만 어스본 출판사는 다른 웹 사이트의 내용에 대해서는 책임지지 않습니다. 다른 추천 사이트들을 살펴보다가 바이러스에 걸릴 경우, 어스본 출판사는 피해에 대해 법적 책임이 없습니다.

한국어판 1판 1쇄 펴냄 2022년 5월 1일 | 1판 2쇄 펴냄 2022년 10월 31일
옮김 이강환 편집 강소희 디자인 황혜련 펴낸곳 (주)비룡소인터내셔널 전화 02)6207-5007 팩스 02)515-2007
한국어판 저작권 © 2022 Usborne Publishing Limited

영문 원서 Physics for beginners 1판 1쇄 펴냄 2022년
글 레이첼 퍼스 외 그림 엘 프리모 라몬 디자인 제이미 볼 외 감수 데이지 시어러
펴낸곳 Usborne Publishing Limited usborne.com
영문 원서 저작권 © 2022 Usborne Publishing Limited

이 책의 영문 원서 저작권과 한국어판 저작권은 Usborne Publishing Limited에 있습니다.
저작권법에 의하여 한국 내에서 보호를 받는 저작물이므로 무단전재와 복제를 금합니다.
어스본 이름과 풍선 로고는 Usborne Publishing Limited의 트레이드 마크입니다.

*이 책에는 네이버 나눔글꼴을 사용하였습니다.